L'Homme et l'Océan

S.A.S. le Prince Albert II de Monaco

L'Homme et l'Océan

Préservons les océans pour protéger l'humanité

Flammarion|Versilio

ISBN : 978-2-0802-6438-1

Deux photos. L'une en noir et blanc, l'autre en couleur. Ce matin, avant de commencer à écrire les premières lignes de ce livre, j'ai posé ces clichés sur ma table de travail. Une fois de plus, je les contemple quelques instants. Le premier appartient à mon arrière-arrière-grand-père, Albert Ier. Mon trisaïeul l'a pris il y a un peu plus de cent ans, au large de Spitzberg, la principale île de l'archipel du Svalbard. Je l'imagine posant le trépied de son appareil à soufflet sur la neige. Je devine l'explorateur qui immortalise l'époustouflant tableau qui se présente à ses yeux. Il pense déjà à offrir l'Arctique à ses contemporains et à l'exposer dans son futur musée pour leur faire découvrir le Grand Nord et le pôle Nord, ces mondes inconnus. La photo la plus récente, c'est moi qui l'ai prise il y a quelques années, exactement au même endroit.

Sur la plus ancienne, couleur sépia, une montagne de glace s'avance vers le photographe, elle le domine, l'écrase presque. On devine son fracas, sa force. Sur la mienne, le glacier a disparu. Il a laissé place à un lac bordé de roches noires austères.

Chaque fois que je m'arrête sur ces deux images, je suis saisi, bouleversé. Elles racontent une tragédie. La mienne, la nôtre. Cela fait quinze ans que ces photos m'accompagnent, me guident et me parlent. Elles me donnent surtout une énergie infinie. Celle-ci m'anime, m'aide à refuser la fatalité et me pousse à me battre pour la survie de notre planète.

I

La fin de l'insouciance

Je n'ai pas l'intention d'écrire mes Mémoires dans ce livre, mais en regardant à nouveau le cliché le plus récent, posé sur mon bureau, celui que j'ai pris en 2005, mille souvenirs me reviennent. Cette photo, c'est en quelque sorte le témoin non pas de ma prise de conscience des souffrances que l'homme impose à notre planète, car je les connais depuis longtemps, mais de ce moment où j'ai senti qu'il était de mon devoir de prendre ma part du défi lancé à ma génération : ce combat collectif qu'il faut mener pour trouver des solutions afin de préserver notre planète, notre bien le plus précieux.

Je me souviens, ensuite, de ce voyage, un peu plus tard, au printemps 2006, car il est fondateur pour moi. J'ai été intronisé souverain de

Monaco un peu plus d'un an plus tôt, à la mort de mon père, Rainier III. Cet anniversaire, j'ai choisi de le célébrer en participant à une expédition au pôle Nord. Bien avant le début de mon règne, j'ai pris très au sérieux le constat alarmant des scientifiques sur l'état de notre planète. Et évidemment, puisque le destin m'a offert ce privilège d'exercer la responsabilité de chef d'État, je sais que je n'ai pas le droit de rester les bras croisés. J'ai le devoir d'agir. En 2006, à la veille de ce voyage dans le Grand Nord (et alors que mon règne n'a pas une année), j'ai déjà en tête les actions que pourrait mener la fondation que je m'apprête à créer et dont le but principal sera la protection de l'environnement. Ce projet de fondation, j'y œuvre depuis plusieurs années. Quelques semaines avant de lancer ses travaux, j'ai voulu participer à cette expédition comme si j'avais une promesse personnelle à faire à ce pôle Nord, qui tiendrait en quelques mots : je ne te laisserai pas tomber.

Lorsque je prépare ce voyage, j'ai aussi en tête Pythéas, ce Grec de Marseille qui, au IVe siècle avant notre ère, a rejoint l'Islande et l'actuelle Norvège en ayant l'intuition qu'en se dirigeant vers le pôle, il rejoindrait la terre des dieux, et qu'en remontant vers l'Islande, il rejoindrait le cimetière de tous les hommes disparus passés par là avant lui. Un Grand Nord qu'il pensait être le Paradis et décrivait comme le poumon du monde. Vingt-quatre siècles après Pythéas, cette expédition vers le Grand Nord constitue le socle de mon engagement. J'ai choisi d'en faire ici le récit, car c'est en gagnant le pôle Nord géographique que l'on ressent directement, et le plus concrètement possible, les effets du réchauffement de notre planète.

La base russe météo de Barneo est située à 100 kilomètres au sud du pôle Nord géographique. Ce camp, installé sur une gigantesque plaque dérivante, marque le point de départ de nos six traîneaux et de nos deux guides à ski. Je retrouve les quarante-deux chiens huskies d'Alaska qui nous accompagneront sur cette mer de glace infinie baignée de lumières fantastiques. En les nourrissant et les soignant, je retiens rapidement leurs noms : Pyret, Fiona, Nelly, Tintin, Edwin… Je passe un long moment avec Charlie, mon chien de tête. Il rechigne à accepter son manteau de protection, je le sens nerveux. Je le connais bien car nous nous sommes entraînés à Kiruna, en Suède, et en Norvège plusieurs semaines avant notre départ.

Dans ma tête défilent les images de mes livres d'enfance, ceux de Jack London notamment, ainsi que les conversations que j'ai eues pour préparer cette expédition avec ce personnage exceptionnel qu'est Jean Malaurie. Tout jeune, comme pour s'extirper du fracas et de la ruine de l'immédiat après-guerre qui planait sur l'Europe, il a effectué plusieurs missions avec l'explorateur Paul-Émile Victor dans le Grand Nord et en Islande. Il a fini par s'installer pendant de nombreux mois à Thulé, au Groenland, pour étudier les Inuits, et est devenu, pour le reste de sa vie, le défenseur acharné des peuples de l'Arctique.

Il fait -20 °C mais curieusement, il ne fait pas aussi froid que je l'aurais imaginé. J'en parle à Dmitri Chparo, le chef de la station qui m'héberge. Il s'amuse de mes réflexions. Lorsque le vent se réveillera quelques jours plus tard, je comprendrai mieux son sourire. Avec mes coéquipiers, nous sommes tous conscients de notre privilège, celui de fouler une terre certes vierge mais déjà blessée. Michael McNamara, un médecin d'origine américaine, la Britannique Annabelle Bond, une alpiniste qui côtoie les plus hauts sommets, Matvei Chparo, fils de Dmitri et célèbre explorateur qui sillonne le Grand Nord, les Suédois Kenth Fjellborg, qui conduit des chiens de traîneau depuis l'enfance, comme six générations avant lui, et Ola Skinnarmo, qui a déjà rejoint le pôle à plusieurs reprises, ainsi qu'un autre guide de traîneau norvégien... Mes camarades viennent tous d'horizons différents, ce qui est précieux et extrêmement enrichissant, même si face au pôle, les nationalités et les barrières linguistiques et culturelles n'ont plus d'importance. Quelques mots et un regard suffisent.

Nous avons préparé pendant plusieurs jours notre parcours sur des cartes, mais je découvre très vite qu'ici, comme s'ils jouaient avec nous, les itinéraires changent tous les jours. Il faut s'arrêter, contourner une plaque, faire un détour, escalader un mur de glace de quatre mètres, descendre du traîneau qui pèse une centaine de kilos pour soulager les chiens. Alors que notre petit groupe progresse sur la glace, me revient cette phrase de Dostoïevski : « C'est la beauté qui sauvera le monde. »

La réalité, pourtant, sa cruauté, nous rattrape. Sur notre passage, nous sommes témoins du mouvement des plaques de glace. Elles s'enfoncent sous nos pieds, cèdent et se disloquent devant nos yeux. Elles n'ont plus la même épaisseur que dix ans auparavant. Une nuit, le morceau de banquise sur lequel nous avons établi notre campement provisoire se détache et nous dérivons de cinq kilomètres. Un des Russes qui nous accompagne et arpente cette banquise depuis des années m'explique, l'air désolé, que d'une année sur l'autre il ne peut que constater l'accélération de la fonte. Nous ne sommes qu'au début du printemps, et la nuit polaire vient à peine de se lever pour six mois, mais en approchant du pôle, nous devons déjà contourner de grands trous d'eau. La banquise souffre. Ses habitants aussi. Nous n'apercevons qu'un seul phoque et un couple d'oiseaux des neiges. Nous ne verrons pas d'ours car ils remontent rarement au-delà du 89e parallèle. J'apprendrai cependant plus tard qu'une semaine après notre passage, une colonne d'ours blancs a suivi une autre expédition pour chercher plus au nord leur source de nourriture principale, les phoques, eux aussi fuyant la fonte, en quête d'un abri…

Au royaume des glaces, chaque moment de repos est un instant de grâce. Lorsque vient l'heure de planter la tente et de soigner les chiens, j'essaye de prendre quelques notes, mais je dois rapidement prêter main-forte à deux membres de notre équipe tombés dans un trou d'eau. Ils sont épuisés et nous devons nous occuper de leurs chiens, leur ôter leurs harnais, décharger la nourriture des traîneaux et monter leurs tentes à leur place. Je sens toute la fragilité de notre expédition ; elle n'en a que plus de force.

Nous arrivons au pôle Nord après plusieurs jours d'expédition. Je suis fier de planter le drapeau de Monaco dans la glace, heureux d'avoir réussi cet exploit physique, mais en observant des canaux ouverts à peine gelés par lesquels l'eau s'écoule, je suis aussi saisi d'une tristesse infinie. En 1906, lorsqu'il arpentait l'Arctique sur son bateau, mon arrière-arrière-grand-père, Albert Ier, notait qu'il approchait de la banquise dès le 81e parallèle. J'ai emporté ses carnets avec moi et, effaré, je relis ses notes. Cent ans plus tard, je n'aperçois la banquise qu'en approchant du 86e parallèle. La situation empire donc jour après jour et de plus en plus vite. Le réchauffement climatique n'est plus désormais pour moi une notion abstraite dont on parle dans les colloques internationaux. Là où je me trouve, la glace ne devrait pas fondre, et pourtant la banquise éternelle craque devant moi. Le fracas de son agonie me bouleverse. Je me dois d'être le témoin engagé de cette tragédie. Je me dois de mener ce combat. C'est mon devoir d'homme responsable. C'est ce jour-là que je fais cette promesse à ce pôle Nord comme épuisé par ce que nous lui faisons subir.

*

Lorsque j'étais adolescent, mon père m'avait offert une grande affiche, une sorte d'atlas de la pollution des mers que j'avais punaisé sur les murs de ma chambre. J'ai toujours conservé ce poster dans mes archives et je l'ai encore récemment déplié. À l'époque, au début des années 1970, on parlait principalement des marées noires et des rejets toxiques. Mais les alertes étaient déjà nombreuses. En 1979, depuis l'espace, les premiers satellites ont commencé à mesurer la fonte rapide des glaces. Il était alors possible de faire tant et tant pour corriger les excès de l'activité humaine et éviter la catastrophe. Mais nous n'avons rien fait.

Depuis la fin des années 1980, j'écoute les analyses des scientifiques et des organisations non gouvernementales sur les risques qui menacent notre planète. Je lis avec une intense curiosité ce qui est publié sur le sujet, j'assiste à des conférences, je visite des centres de recherche. Mille et une données – et je ne parle ici que des plus incontestables – sont disponibles sans difficultés, en accès libre. Chacun devrait se les approprier puisque la dégradation de l'environnement nous concerne tous. Mais j'ai trop souvent l'impression que nous préférons fermer les yeux. Ce livre n'a évidemment pas vocation à être une encyclopédie de chiffres plus alarmistes les uns que les autres. Mais s'arrêter sur quelques données est absolument nécessaire. Les mots me manquent pour qualifier le constat des scientifiques du GIEC[1], qui représentent la « voix », le consensus, de la communauté scientifique.

1. Groupe d'experts intergouvernemental sur l'évolution du climat.

Depuis 1850 et la révolution industrielle, la température moyenne de la Terre a augmenté de 1,59 °C. Et le processus est exponentiel. Pour limiter une nouvelle hausse des températures de plus de 1,5 °C – objectif vers lequel les signataires de l'Accord de Paris en 2015 tendent –, nous devons d'ici à 2030 réduire nos émissions carbone de 45 % par rapport à 2010. Or, évidemment, nous le savons déjà, dans moins de dix ans, le compte n'y sera pas.

Dit comme cela, surtout en Europe où nous bénéficions d'un climat tempéré, cette hausse de 1,5 °C ne paraît pas importante et pas si inquiétante. Mais la réalité est tout autre : une telle augmentation entraînerait des conséquences irréversibles. Je ne prends que quelques exemples qui nous concernent directement : jusqu'à 80 millions de personnes supplémentaires seraient menacées par la faim d'ici à 2050 ; le manque d'eau mettrait en péril la riziculture dans 40 % des régions productrices ; les prix alimentaires pourraient grimper de 30 %, et la famine frapperait plus de 180 millions de personnes, majoritairement en Afrique et en Asie du Sud-Est. Près des trois quarts des approvisionnements en eaux souterraines seraient impropres à la consommation, or c'est la première source d'eau potable de 2,5 milliards d'habitants. Tout cela pourrait pousser de 30 à 140 millions de personnes à l'exil. Les événements climatiques violents, tels ceux que nous constatons depuis plusieurs années, se multiplieraient, et 420 millions de personnes seraient alors exposées à des chaleurs extrêmes. Encore une fois, ces prévisions ne sont pas celles de militants qui ne vérifieraient pas leurs sources ou exagéreraient à dessein pour provoquer un électrochoc dans l'opinion, mais celles du consensus des scientifiques les plus reconnus et les plus rigoureux que compte la planète.

Pour avoir la chance de voyager dans le monde entier, j'ai moi-même eu l'occasion de constater directement la dégradation de certains paysages. J'ai survolé l'Amazonie et observé avec effroi la destruction de cette forêt éblouissante qui perd quotidiennement l'équivalent de dix terrains de football. J'ai mesuré en dix ans l'érosion qui frappe les côtes du New Jersey, aux États-Unis, celles où ma mère a passé son enfance, et celles de la mer du Nord, en Europe. En longeant la côte, j'ai pu voir à l'œil nu la pollution de la mer Noire au large de la Bulgarie et près de Sotchi, où des quantités invraisemblables de rejets chimiques détruisent l'écosystème, avec cette crainte et cette question : sera-t-il possible un jour de réparer ce que nous lui avons fait subir ?

II

La mer au cœur

À Monaco, personne n'est indifférent à la mer. Mais j'ai aussi une histoire intime, personnelle et précieuse avec elle. Elle est d'abord le pilier de mon histoire familiale. Au cours de son règne riche de plusieurs siècles, la famille Grimaldi a toujours vécu en symbiose avec elle. Grimaldo, le « fondateur » de notre dynastie, un puissant seigneur de Gênes au XIIe siècle, a encouragé ses enfants et ses petits-enfants à effectuer des expéditions maritimes dans toute la Méditerranée sur les galères qu'il finançait. Plus tard, au Moyen Âge, Rainier Ier s'est illustré en combat naval aux côtés de la France. Il a été nommé amiral de France par Philippe le Bel en 1304. Plus directement, c'est bien sûr d'abord mon trisaïeul, le Prince Albert Ier, qui m'inspire chaque jour. Et pas seulement par ses photos de glaciers. C'était un visionnaire. Un explorateur, un scientifique et finalement l'un des premiers écologistes de l'histoire puisqu'il avait compris qu'il fallait prendre tout particulièrement soin de la mer, notre trésor commun.

Après avoir consacré sa vie à l'océan et mené vingt-huit campagnes du Cap-Vert au Spitzberg, il a créé il y a plus de cent ans l'Institut océanographique, qui regroupe le Musée océanographique de Monaco et un centre de recherche de portée mondiale sur le sujet, à Paris, rue Saint-Jacques. Il a établi une feuille de route pour les équipes de ces deux institutions, qui tenait en quelques mots : « Faire connaître, aimer et protéger l'océan. » Je le confesse et j'en suis fier, je n'ai pas cherché très loin, ni à faire preuve d'originalité : j'ai fait mienne cette ligne tracée par mon trisaïeul en choisissant de faire de la protection de la planète et particulièrement de l'océan l'une des grandes priorités de mon règne.

Celle-ci devrait être au centre de nos préoccupations car le rôle de l'océan au cœur de notre écosystème est essentiel, presque le plus important. Quelques chiffres encore. Si, en un siècle et demi, la température de la Terre a augmenté de

1,59 °C, celle des océans a, de son côté, progressé de 0,88 °C. Or ceux-ci jouent en quelque sorte le rôle de réfrigérateurs terrestres et de régulateurs climatiques. Bien évidemment, les conséquences de ce phénomène sont déjà tragiques depuis plusieurs décennies. Entre 1994 et 2017, l'océan Arctique et l'océan Austral, autour de l'Antarctique, ont respectivement perdu 7 600 milliards et 6 500 milliards de tonnes de glace. Ces chiffres ne nous parlent pas forcément. Mais une illustration est frappante : la seule fonte de la calotte glaciaire, qui couvre principalement les terres de l'Antarctique et du Groenland, représente l'équivalent en surface du Royaume-Uni sur une épaisseur de 100 mètres.

À cette hausse de la température terrestre, il faut ajouter de nombreuses dégradations supplémentaires provoquées par l'homme sur nos océans. Je ne prends ici que quelques exemples. Nous exploitons les océans au-delà du raisonnable : un tiers des stocks mondiaux de poisson sont surexploités, et les deux tiers restants sont exploités au maximum. Près de 20 % des captures mondiales, toutes pêches confondues, sont prélevés dans le cadre d'activités de pêche illicite. Plus déroutant encore, cet invraisemblable gâchis : un poisson pêché sur trois n'arrive pas dans nos assiettes ! Nous considérons par ailleurs la mer comme une poubelle. Nous y déversons ainsi au moins 8 millions de tonnes de déchets plastiques chaque année. Les océans en contiendraient a minima 150 millions de tonnes. Quant aux rejets agricoles (engrais), domestiques (eaux usées) et industriels, ils maltraitent depuis des décennies l'écosystème aquatique, progressivement envahi par les algues qui prospèrent grâce à un apport excessif de nutriments, ce qui provoque un appauvrissement de l'eau en oxygène et la disparition de certaines espèces. Chacun devrait avoir à l'esprit ce tableau brossé à grands traits.

La façon dont nous traitons la mer est d'autant plus incompréhensible que, pour beaucoup, elle n'est pas seulement un espace « utilitaire », mais un lieu de loisir, un décor apaisant. Chaque matin, j'ai cette chance, je la contemple depuis le Rocher. Sa couleur dit tout de son dialogue avec le ciel. Son âme du jour, ses colères d'automne et ses caprices d'été m'inspirent. J'aime prendre de ses nouvelles. J'aime l'écouter. Lorsque je n'ai pas le temps de lui accorder l'attention qu'elle mérite, elle me manque tout au long de la journée. J'aime la mer, et, parmi les enjeux environnementaux qui me préoccupent tant et sur lesquels ma fondation intervient, la protection des océans s'est imposée comme une évidence.

J'ai eu la chance d'avoir un père qui m'a aidé à apprendre et comprendre la mer. Mes parents se sont attachés à nous faire découvrir, à mes sœurs et moi, ses précieuses richesses. À l'occasion de traversées vers la Corse ou la Sardaigne, aux Baléares ou sur la côte dalmate, mon père tenait à nous expliquer comment nous comporter en mer, comment se méfier d'elle parfois, comment reconnaître certains poissons, et surtout comment la respecter avec humilité. Même si son époque faisait du développement économique une priorité, lui aussi a mené de nombreux combats environnementaux. Parfois, lorsque la nostalgie de mon enfance me rattrape, j'aime l'imaginer au milieu des années 1960 batailler avec le général de Gaulle pour empêcher l'installation d'une décharge de déchets nucléaires au large de la principauté. C'était sans doute David contre Goliath. Mais avec ses arguments, mon père a réussi à convaincre le chef de l'État français, et j'en suis particulièrement fier aujourd'hui. Il a aussi lutté avec le soutien de Jacques-Yves Cousteau pour empêcher le rejet et l'immersion des boues rouges de la Montedison en Toscane et au nord de la Corse. C'est d'ailleurs grâce aux études d'un scientifique du Musée océanographique qu'il a été démontré qu'il y avait une vie à 300 mètres de profondeur en Méditerranée alors que les industriels avaient mis au point un dispositif permettant d'immerger leurs rejets toxiques.

Rainier III, mon père, a également signé sans hésitation la convention des Nations unies sur le droit de la mer. Avec la France et l'Italie, la principauté fut aussi l'architecte de l'accord RAMOGE, qui en 1976 a mis en place une coopération efficace entre ces trois États pour lutter contre la pollution, et pour la préservation du littoral. Un accord tout à fait novateur pour l'époque et qui, quarante-cinq ans après son entrée en vigueur, reste un modèle pour d'autres coopérations dans le monde.

Dans la droite ligne de ces engagements politiques, mon père m'a beaucoup encouragé, dès mon plus jeune âge, à fréquenter Jacques-Yves

Cousteau, à qui avait été confiée la responsabilité scientifique du Musée océanographique. Je garde un souvenir ému de chacune de mes rencontres avec ce capitaine au bonnet de laine rouge qui, si tôt, avant ses contemporains, avait compris l'importance des fonds marins et tant contribué à les faire connaître au grand public. Je me souviens de ces soirées en famille, avec mes sœurs et mon père, que nous passions à regarder les films retraçant les expéditions de la *Calypso*, ce navire mythique qui séjournait parfois dans le port de Monaco.

Je crois beaucoup à la transmission et, évidemment, à mon tour, je fais découvrir mon amour de la mer à Jacques et Gabriella, mes jeunes enfants. Nous partons parfois en bateau au large de Monaco, vers la Corse, où nous avons pu observer ensemble des dauphins et des baleines. Je les incite à participer aux activités du Musée océanographique et, dès qu'ils en auront l'âge, je leur apprendrai les rudiments de la plongée.

Je plonge depuis que j'ai une vingtaine d'années et c'est dans ces moments que ma relation à la mer s'est construite et renforcée. Sous l'eau, j'ai ressenti certaines des plus belles émotions de ma vie. Je me souviens de la vision d'une sorte de station de nettoyage organisée autour d'une colonie de raies manta que j'ai pu approcher à cinq mètres. Elles attendaient, presque en file indienne, que des petits poissons viennent picorer les parasites fixés sur leur dos. Les spectacles sous-marins de ce genre sont nombreux et, en restant à la surface, nous n'avons pas idée de la magie qui se déploie dans ce monde merveilleux, parfois à seulement quelques mètres de profondeur. Je souhaite ardemment que mes enfants en soient conscients et grandissent en lui prêtant une attention particulière. Actuellement, ils se passionnent pour les tortues de mer et s'indignent que celles-ci soient menacées par les activités humaines en plusieurs points du globe. Je les comprends. Leur danse est l'un des plus beaux ballets auquel il m'ait été donné d'assister. Ces animaux aux allures préhistoriques (en fait, leur origine remonte au Crétacé, il y a 80 millions d'années) semblent indifférents à ceux qui les approchent et ne sont animés d'aucune agressivité, aucune inquiétude.

Les tortues occupent depuis toujours une place à part chez moi. Impossible d'oublier la première fois où l'une d'elles a bien voulu me guider vers son refuge, ses nageoires déployées comme les ailes d'un ange. Elle et ses sœurs m'ont tant de fois offert la vision féerique de cette danse gracieuse, empreinte de sérénité. Est-ce leur beauté qui me touche ? Ou parce que, venues de la nuit des temps, elles semblent porter un message à notre intention ?

Fort de cette passion que je partage avec mes enfants, j'aime leur raconter ce voyage au Cap-Vert, au large du Sénégal, que j'ai eu la chance de faire en 2017 pour retrouver les équipes du navire affrété par les Explorations de Monaco. J'ai alors passé plusieurs jours avec une quinzaine de chercheurs et d'associations, spécialisés dans la défense des tortues marines. Mes échanges avec les scientifiques qui suivent leur déplacement et leur comportement m'ont particulièrement marqué. Ils étudient leur métabolisme et déterminent le sexe des individus après leur éclosion, ce qui est précieux pour anticiper l'évolution de la population. Sur la plage de Curral Velho, j'ai visité avec une émotion intense la nursery accueillant leurs nids. Ceux-ci avaient été déplacés pour que les œufs éclosent à l'écart des prédateurs. J'ai découvert le spectacle de la ponte, ce rituel immuable depuis la nuit des temps, un mélange de souffrance, d'abnégation, de fragilité. Une lutte pour la survie. L'urgence à les protéger m'est apparue comme une évidence. Grâce aux travaux des partenaires soutenus par l'Institut océanographique de Monaco qui fixent des petits émetteurs satellites sur leur carapace, je les suis désormais à distance sur plusieurs centaines, voire des milliers de kilomètres. Elles sont victimes de notre emprise galopante sur l'océan. Leur vie de voyage est devenue une course d'obstacles, mais elles nous rappellent que l'océan, leur territoire, doit être un sanctuaire préservé.

*

Ma passion pour la mer s'est nourrie et renforcée lorsque, jeune adulte, j'ai eu la chance de passer quelques mois comme élève officier à l'École navale, à Brest, puis de faire un tour du monde pendant une année sur la *Jeanne d'Arc*, qui était alors le navire-école de la Marine française. Je repense souvent à ces quarts de nuit à la passerelle, à ces journées à surveiller les machines, à ces moments de franche camaraderie qui animent la vie des équipages en mer, si formateurs dans la vie d'un homme, où l'on se doit d'être solidaire et attentif à l'autre. Je me souviens de ces jours de surveillance du rail d'Ouessant, de la route vers le Brésil puis vers les terres australes. Aujourd'hui, j'aime profondément naviguer, en compétition, lors de certaines épreuves de la Coupe de l'America, où j'ai parfois l'occasion d'être convié, ou sur ces petites fusées qui filent sur la mer, ces Lasers ou ces J24 sur lesquels on m'a de temps à autre accueilli. Et je n'aime rien tant que les sorties sur *Tuiga*, ce magnifique navire amiral du Yacht Club de Monaco, construit en 1909, qu'avec des investisseurs et des mécènes nous avons pu faire rénover. Sur la mer, je me sens bien, témoin et acteur de cette vie marine que ma famille m'a appris à chérir et à protéger.

Si je raconte ces moments de vie si précieux pour moi, ce n'est évidemment pas pour me donner l'allure d'un vieux loup de mer ou d'un marin endurci, mais pour témoigner en toute simplicité de la sincérité de mon amour pour les océans, indissociable de mon engagement citoyen. Ces souvenirs, nourris de mille lectures de récits de voyage depuis l'enfance où je dévorais *Moby Dick* ou les formidables romans de

Jules Verne, ont sans doute participé d'une rencontre plus intime, plus personnelle avec les fonds marins. À chaque plongée, lors de chaque traversée, je découvre avec un immense bonheur de nouveaux horizons et de nouveaux secrets de ce monde encore trop méconnu. Or celui-ci a tant à offrir à notre curiosité... Pour ne prendre qu'un exemple, nous ne savons aujourd'hui presque rien du mystère du chant des baleines à bosse, si ce n'est qu'il est un système de communication extrêmement développé et complexe. Parvenir à le décoder serait une avancée majeure pour mieux comprendre cette espèce et œuvrer à sa protection. Nous avons tant à apprendre de l'océan.

C'était déjà la conviction de mon trisaïeul Albert Ier, il y a un peu plus de cent ans. Celui que l'on appelait le « Prince savant » a consacré, je l'ai dit, tant d'efforts pour encourager la recherche océanographique à une époque où celle-ci était embryonnaire. Je n'ose me comparer à lui, bien sûr. C'était un visionnaire, un véritable homme de science. « L'Océanographie, disait-il, a encore pour devoir de signaler le péril causé dans tous les pays par l'abus d'une exploitation, mal réglée ou mal surveillée, des ressources de la mer. C'est là, peut-être, son plus beau titre à la sollicitude de tous. » Contrairement à mes modestes actions, sa contribution à la fin du XIXe siècle fut décisive pour encourager les sciences de la mer. Il participait à d'innombrables sociétés savantes, et les vingt-huit expéditions qu'il a menées avant le premier conflit mondial ont encore à ce jour des répercussions scientifiques. Si un poisson des grands fonds marins porte le nom de ma famille, c'est grâce à ses recherches et ses découvertes. Et je suis fier que sur les cartes maritimes, certains îlots des îles Kerguelen aient été baptisés « îles du Prince-de-Monaco » ou que l'Antarctique compte un « cap Albert-de-Monaco » en son hommage.

Lorsqu'il a créé le Musée océanographique, il souhaitait, disait-il, en faire « un temple international en rapport avec l'envergure considérable du rôle de l'Océanographie dans le progrès des connaissances humaines et créer du même coup un centre de ralliement où les serviteurs de la Science, c'est-à-dire de la Vérité, réunissant leurs forces, trouveraient de nouvelles armes pour combattre en commun les obstacles que l'ignorance et la superstition du passé, autant que l'aveuglement des révolutions brutales multiplient devant le progrès de la pensée ». Chaque fois que je relis certains passages de son livre, *La Carrière d'un navigateur*, mon émotion est intacte, tant ceux-ci sont lumineux. Ainsi de celui-ci : « Le contact étroit de cette mer qui palpite et gronde sous la quille du vaisseau pendant les jours d'orage, ou qui lui ouvre son sein dans le demi-sommeil des nuits calmes, fit croître ma passion en élevant sa nature et je m'abandonnai à des jouissances où la philosophie, la tendresse et la poésie réunissaient leurs sources. Ainsi j'ai commencé la culture de l'Océanographie, de la science nouvelle qui pénètre le secret des abîmes. Et cette œuvre a rempli les plus belles années de ma vie en absorbant le meilleur de moi-même. Aujourd'hui, je ne regrette rien de ce que je lui ai donné, car son influence m'a garanti contre les assauts du mal ou de la sottise, et elle a mitigé les peines qui s'emparent peu à peu de la place d'abord occupée dans le cœur de l'homme par les rêves de bonheur. »

Ce qui me frappe aujourd'hui, c'est que l'expertise et la recherche dans le domaine maritime n'ont jamais réellement été des priorités. L'océan reste largement méconnu. Il recèle pourtant tant et tant de trésors. Mieux les connaître est indispensable pour assurer la protection de notre planète. C'est pour ces raisons qu'au-delà de l'héritage historique et familial, j'ai ressenti la nécessité de relancer les Explorations de Monaco, inaugurées par Albert Ier il y a un peu plus de cent ans. Avec de nombreux chercheurs, ces dernières années, nous avons initié, encouragé ou financé quantité de programmes dans quatre directions : la protection de la mégafaune, la protection des coraux, les nouvelles technologies d'exploration et l'étude des aires marines protégées (AMP).

Récemment, mais ce ne sont que quelques exemples, nous avons ainsi financé plusieurs travaux de recherche sur les coraux, particulièrement menacés. L'un d'eux est consacré à l'étude en mer Rouge des coraux situés en moyenne profondeur, très peu étudiés jusque-là. Un autre à l'analyse de la nature d'excroissances observées sur des colonies coralliennes des récifs de l'île de Moku O Lo'e, appelée aussi île Coconut, un îlot au large de l'île Oahu, à Hawaï. Nous préparons par ailleurs une expédition de grande envergure, dans l'océan Indien occidental, entre la Réunion, Maurice et les Seychelles, sur Saya de Malha, banc immergé recelant l'un des plus grands herbiers marins du monde sur le plateau des Mascareignes, qui abrite des écosystèmes peu connus. Cette expédition nous permettra de nourrir les investigations des scientifiques pendant plusieurs années. Autre initiative passionnante : l'utilisation de drones pour étudier les cétacés en Méditerranée occidentale et décrire, sans les déranger et par le seul enregistrement des sons, leurs comportements. Nous réalisons encore un inventaire de la mégafaune des monts sous-marins autour de la Nouvelle-Calédonie. Plus proches de Monaco, les équipes de Laurent Ballesta, que nous soutenons, explorent en plongée autonome à saturation des fonds de 60 à 120 mètres de profondeur entre Marseille et la principauté. Les projets ne manquent pas, et pour les années à venir, outre les recherches en Méditerranée, nous avons choisi de concentrer nos priorités sur des zones peu connues : l'océan Indien, le Pacifique tropical oriental et le Pacifique sud-ouest.

En 2017, j'ai souhaité réaliser une campagne d'exploration, un tour du monde en trois ans et plusieurs étapes. J'ai alors affrété un bateau qui ressemble un peu à la *Calypso* du commandant Cousteau, le *Yersin*, du nom d'un médecin de l'Institut Pasteur, un bactériologiste et explorateur franco-suisse à qui l'on doit notamment la découverte du bacille de la peste. À cent vingt ans de distance des expéditions lancées par mon trisaïeul, l'idée consistait notamment à procéder à des comparaisons avec l'état des écosystèmes marins et terrestres qu'il avait observés. À cette occasion, les colonies de phoques moines de Madère ont fait l'objet d'études spécifiques dont j'ai eu le privilège de découvrir les premiers résultats, à Funchal, à Madère, puis au large des îles Desertas, où vivent quelques-uns des six cents à sept cents derniers individus de ces mammifères marins parmi les plus menacés au monde. Chassés hier pour leur peau et leur huile, puis par l'urbanisation le long des côtes et la pêche intensive, les phoques moines ont fui leur habitat traditionnel. Ils se réfugient aujourd'hui dans des grottes ou dans quelques espaces préservés. L'un des programmes de recherche du *Yersin* consistait à installer des caméras infrarouges et à utiliser des drones pour surveiller les refuges où sont établies les colonies, pour comptabiliser les naissances, y mesurer la mortalité juvénile ou encore indemniser les pêcheurs dont les filets sont endommagés par les phoques. Ce jour-là, en discutant avec les chercheurs qui m'ont montré des photos sous-marines de plusieurs familles de phoques moines, j'ai reçu une belle dose d'optimisme : leur déclin n'est pas inéluctable si chacun prend ses responsabilités.

Après cette escale à Madère, le bateau a continué sa route. J'ai suivi plusieurs de ses étapes pour pouvoir mieux et plus efficacement témoigner et expliquer concrètement qu'il est possible de changer les choses. Avec ces voyages, j'ai en effet estimé que je devais acquérir le maximum de connaissances de terrain. Les chefs d'État et de gouvernement que je côtoie écoutent leurs conseillers, leurs experts, mais je me suis rendu compte que lorsque l'un de leurs homologues ayant eu le privilège de consacrer une part importante de son temps à ce sujet évoque concrètement la situation des océans, ils prêtent une oreille attentive. J'ai donc un rôle crucial à jouer si je veux tenir la promesse que je me suis faite et m'inscrire dans la droite ligne des engagements de ma famille. J'y reviendrai.

En relançant ces explorations, j'ai surtout voulu permettre à la communauté scientifique internationale de disposer d'une plateforme de recherche itinérante – hier sur le *Yersin*, demain sur un autre navire que nous affréterons – sur laquelle des chercheurs du monde entier pourront se succéder, à la manière, toutes proportions gardées évidemment, de cette fabuleuse coopération qui se déroule dans l'espace autour de la Station spatiale internationale. J'ose cette comparaison non pas par exagération gratuite ou pour mettre en avant nos activités de recherche, mais parce que dans le domaine de la protection de l'environnement, je pense que nous avons besoin de ces symboles importants et que de telles initiatives doivent se multiplier si nous voulons avancer. Ce que les grands pays ont réalisé dans l'espace devrait être accompli pour nos océans.

III

Quand les scientifiques dialoguent avec l'océan

Je dois confesser que, si le destin ne m'avait pas confié le rôle de conduire la principauté, j'aurais adoré exercer un métier scientifique. Mon amour pour la mer n'est pas seulement celui d'un homme né sur les rives de la Méditerranée, d'un chef d'État installé sur une côte maritime ou d'un simple amoureux des paysages qu'offrent les fonds marins. Mon engagement pour défendre ce que nous avons de plus précieux est d'abord celui d'un passionné de sciences. Même si je ne prétends pas une seconde avoir eu les capacités de devenir un grand chercheur, le monde scientifique, et en premier lieu les sciences de la Terre, m'a toujours fasciné. Peut-être est-ce cet abonnement à *National Geographic* que mon père m'avait offert et dont j'ai gardé précieusement toute la collection qui a éveillé ma curiosité ? Peut-être aussi est-ce parce que les scientifiques s'attachent moins que d'autres au paraître et sont davantage concrets ? Je ne sais. Mais ceux qui consacrent leur vie à la recherche scientifique m'impressionnent souvent bien davantage que les dirigeants de grands groupes financiers ou que certains responsables politiques. Je n'ai jamais compris les complotistes, les climatosceptiques qui critiquent les scientifiques. Ceux qui savent nous éclairent. Refuser leur expertise, c'est se mentir à soi-même. Je ne me lasse jamais de ce privilège exceptionnel qui m'est offert de discuter avec ceux qui cherchent à comprendre le monde dans lequel nous vivons, même dans des domaines qui semblent très éloignés de nos préoccupations immédiates.

Parmi les plus fortes personnalités scientifiques que j'ai la chance de rencontrer fréquemment, je pense notamment à Sylvia Earle. Cette femme de quatre-vingt-cinq ans est une héroïne. Après son doctorat à Harvard sur les fonds marins, elle a participé à des expériences tout à fait novatrices dans les années 1970 et 1980 en restant plusieurs semaines sous l'eau à plus de 15 mètres de profondeur, ou plus tard en créant des sous-marins d'exploration révolutionnaires pour observer les récifs coralliens. Ce qui me fascine chez elle, c'est l'énergie qu'elle met aujourd'hui dans le combat pour la défense des océans. Elle semble avoir vingt ans. Il y a quelques années, je l'ai vue secouer une assemblée de grands patrons très satisfaits de leurs succès financiers. Elle ne les accusait de rien. Elle faisait simplement ce constat en les regardant droit dans les yeux : « C'est maintenant ou jamais qu'il faut agir. Faites-le pour vos enfants ! »

*

Si je raconte mes émotions en naviguant, en plongeant ou en découvrant sur le terrain le résultat de certaines recherches, ce n'est pas simplement pour témoigner de la beauté que nous offre la mer, mais parce que celle-ci est discrète. Elle souffre en silence. Bien souvent, elle cache ses plaies. Et c'est au plus profond de ses abysses qu'il faut aller chercher le témoignage de notre inconséquence. Récemment, j'ai eu la chance d'effectuer avec Victor Vescovo une plongée qui m'a glacé d'effroi. Victor est un homme d'affaires américain dont la famille est d'origine ukrainienne, qui, fortune faite dans le capital-investissement, a choisi de consacrer son temps et son énergie à l'exploration des grands fonds. Pour y parvenir, il a fait construire un bathyscaphe biplace baptisé *Limiting Factor*, grâce auquel il peut plonger à 11 000 mètres sous la mer en supportant une pression gigantesque. Avec ce programme d'exploration, « Five Deeps », Victor est le premier homme au monde à avoir plongé au point le plus profond de chacun des cinq océans. Il a ainsi réussi l'exploit d'être le premier à atteindre le point le plus profond de l'océan Atlantique : la fosse de Porto Rico, à - 8 376 mètres. Il m'a invité à participer à l'une de ses plongées et à descendre dans la fosse Calypso, point réputé le plus profond de la mer Méditerranée, situé au sud-ouest de la péninsule du Péloponnèse, au large de Kalamata.

Après deux heures de descente, ce que nous avons vu à travers le hublot à 5 109 mètres de profondeur m'a sidéré. Au milieu de quelques crevettes de grands fonds reposent des particules de plastique. Alors que nous contemplions ce spectacle désolant, Victor m'a confié qu'il en était de même dans la fosse des Mariannes, à plus de 10 000 mètres de profondeur.

En moins d'un siècle, nous nous sommes donc permis de répandre nos déchets dans des endroits inviolés depuis des millions d'années. Quelle légèreté ! Quelle inconscience. Pour comprendre comment nous avons pu en arriver là, à ce degré de folie qui nous a conduits à polluer jusqu'aux fonds marins les plus inaccessibles, et en relisant les notes que je prends depuis plusieurs mois pour écrire ce livre, je pense naturellement à Tim Flannery. C'est à lui que je dois l'une de mes plus stimulantes rencontres de ces dernières années. Car s'il y a bien un scientifique qui réfléchit à l'histoire de l'humanité en se projetant à plusieurs dizaines de milliers d'années de notre époque ou en se retournant sur notre passé, riche de millions d'années, c'est bien lui.

Je ne me lasse jamais de discuter avec ce biologiste-paléontologue, passionné par l'étude des mammifères et leur évolution sur la très longue histoire. Tim est australien. Il a longtemps été professeur à l'université d'Adélaïde et a enseigné à Harvard. C'est aussi un combattant. Il y a quelques années, il a bataillé contre un projet du gouvernement australien visant à faciliter l'accès de gigantesques navires gaziers, des méthaniers, à plusieurs ports du pays. Ce projet impliquait la destruction d'une partie de la Grande Barrière de corail alors qu'il existait des moyens alternatifs beaucoup plus respectueux de l'environnement. Par un lobbying très habile, car il connaît parfaitement le fonctionnement politique, en proposant une solution beaucoup plus écologique et en démontrant que finalement tout le monde avait à gagner à renoncer au projet initial, Tim a su convaincre.

Je suis fasciné par son volontarisme et surtout par sa vision de l'histoire. Nous nous pensons comme le centre du monde, comme si nous étions la seule espèce sur cette terre, comme si, avant nous, il n'y avait eu personne, et comme si nous n'étions pas comptables des souffrances que nous imposons à la planète. Écouter Tim ou lire ses livres, c'est justement voyager avec lui dans le temps long. Et pas simplement celui des hommes, mais de la Terre au sens large. Il sait raconter pourquoi la disparition de telle espèce de poissons dans un espace reculé de la planète exerce une influence directe sur notre existence. D'une certaine manière, les travaux de Tim permettent de prendre de la hauteur, de dépasser les idées reçues sur la façon dont le monde fonctionne et de cesser un instant de nous considérer comme le nombril du monde.

En relisant les notes de notre dernière conversation, il y a quelques mois, je me suis rendu compte que celles-ci étaient limpides pour replacer le rôle des océans dans l'histoire de l'humanité. Plutôt que de synthétiser son propos ou de le paraphraser, j'ai préféré reproduire et partager ici une partie de notre conversation.

— Tim, nous nous situons dans un « moment » tout à fait particulier de l'histoire de l'humanité...

— Oui, c'est une époque unique d'appauvrissement biologique et de perturbation des écosystèmes, que la communauté scientifique a baptisée « Anthropocène ». Ce moment est tout à fait singulier dans l'histoire puisque, pour la première fois, l'activité de l'homme a une influence globale déterminante et négative sur l'écosystème terrestre. Nos émissions de gaz à effet de serre modifient la composition de l'atmosphère à un rythme plus rapide que jamais. Il n'y a qu'une exception d'une séquence d'une telle violence dans l'histoire mais sa cause était extérieure, c'est lorsqu'une comète a frappé la Terre il y a 66 millions d'années, ce qui a causé l'extinction des dinosaures et de bien d'autres espèces.

— Peut-on inverser ce phénomène ?

— Non ! Le ralentir ou limiter ses conséquences, oui. Il est impératif d'agir, sauf à considérer qu'après nous, les générations futures n'auront qu'à se débrouiller. À ce rythme, si nous ne changeons rien, il est probable que deux espèces sur cinq vivant aujourd'hui sur Terre auront disparu d'ici la fin du siècle. C'est demain ! Et ce n'est qu'un début, car l'homme ne peut vivre sans les autres espèces. La Terre est une planète vivante, et c'est la vie dans toute sa diversité qui maintient l'équilibre chimique de l'air et des eaux dont nous avons besoin.

— Quelle place occupent les océans dans cet équilibre ?

— Ils jouent un rôle majeur, si ce n'est le plus important. Les océans couvrent 71 % de la surface de notre planète. Ils sont trois cents fois plus grands (en masse) que l'atmosphère et ce sont eux qui stockent et absorbent l'essentiel du CO_2 que nous produisons. Ils accueillent l'essentiel de la vie terrestre : plus de 95 % de notre biosphère est en effet située dans les océans, dont la profondeur moyenne est de l'ordre de 3 800 mètres. Nous l'oublions trop souvent mais la vie terrestre ne forme qu'une fine croûte sur la Terre, et l'océan joue un rôle central dans la régulation du climat. Même si tout le monde se focalise en ce moment sur la conquête de l'espace, c'est dans l'océan que se joue le destin de l'humanité pour les siècles futurs.

— Que voulez-vous dire ?

— Si je prends une image, les océans fonctionnent un peu comme nos poumons. Ils absorbent et stockent le CO_2 de plusieurs manières. Toute matière organique qui se retrouve sous l'océan reste exclue de l'atmosphère pendant de nombreux siècles, voire des millions d'années. Quant aux organismes vivants, les baleines, le plancton, les algues, ils jouent aussi un rôle essentiel puisqu'ils capturent le carbone. En fait, les océans « nettoient » notre planète d'une grande partie de l'excès de carbone.

— Quels sont les principaux risques qui pèsent sur eux ?

— Les climatologues ont identifié neuf « points de basculement » majeurs qui pourraient accélérer le réchauffement climatique de façon incontrôlable, sans que nous puissions rien faire, ce qui provoquerait une réaction en chaîne. Parmi ces neuf grands risques, trois concernent directement les océans : la fonte du pergélisol arctique (ces sols dont la température est inférieure à 2 °C au moins deux années consécutives, et parfois plusieurs milliers d'années, que l'on appelle aussi « permafrost »), le ralentissement de la circulation des courants océaniques (ils se forment par les différences de température) et la fonte des calottes glaciaires du Groenland et de l'Antarctique occidental. Le déclenchement de l'un de ces points de basculement serait dramatique. Ce serait le début d'un voyage à sens unique vers un monde hostile, dans lequel, à terme, la civilisation humaine a peu de chances de survivre.

— Avez-vous des exemples concrets ?

— Nous assisterions, et ce ne serait qu'un début et un exemple, à la disparition de l'un des habitats les plus vulnérables de la Terre : les récifs coralliens tropicaux qui jouent un rôle majeur dans notre écosystème et dont l'existence remonte à plus de 55 millions d'années. Aujourd'hui, ils sont en tension maximale. Si la planète se réchauffe de 2 °C, ce qui est un objectif inférieur aux engagements de la COP (pour mémoire, si nous ne faisons rien, notre trajectoire d'émission carbone pourrait nous amener à un réchauffement de 3,3 °C dans les proches décennies), nous perdrons une grande partie des récifs coralliens. Dit comme ça, celui qui n'a jamais plongé peut hausser les épaules en pensant qu'en dehors de leur beauté, ces massifs coralliens ne servent pas à grand-chose. Sauf que leur disparition détruirait automatiquement des centaines d'espèces et déréglerait l'ensemble de la chaîne alimentaire océanique.

— C'est un peu « l'effet papillon » que vous décrivez. Et j'imagine qu'il se passe des choses tout à fait comparables à la surface de la Terre… Des événements qui paraissent dérisoires mais avec des conséquences dramatiques…

— Oui. Je vais prendre un exemple qui, en soi, paraît anecdotique : le minuscule scolyte du pin, un insecte qui n'est pas plus grand qu'une tête d'allumette. À mesure que la Terre se réchauffe, ce minuscule coléoptère se reproduit une fois de plus chaque année, avec cette conséquence : la destruction depuis quelques années de millions d'hectares de forêts de pins dans tout l'hémisphère nord, et particulièrement en France. Autre exemple dramatique, celui de l'Amazonie, qui se nourrit de l'humidité de l'océan Atlantique. Par un mécanisme proche de celui de la transpiration, l'océan et l'Amazonie communiquent intensément. Au cours de ce processus, les forêts captent une part importante du carbone mondial. Or, du fait de son exploitation par l'homme, mais aussi du réchauffement climatique, l'ensemble du bassin amazonien est en train de se transformer en savane. Une partie de l'Amazonie a aujourd'hui perdu son rôle de puits de carbone et émet davantage de CO_2 qu'elle n'en absorbe.

— Et vous parliez aussi de la fonte des glaces et de leurs conséquences…

— Ce sont les plus spectaculaires. Avec quelques dixièmes de degré supplémentaires, le morse et le narval n'auront bientôt plus de quoi se nourrir. C'est donc la fin d'un écosystème qui se profile. Et ce phénomène va directement nous impacter, presque mécaniquement. La surface de l'océan est sombre. Elle absorbe l'énergie lumineuse et la transforme en chaleur. La fine peau de glace recouvrant l'océan Arctique reflète, elle, l'énergie lumineuse. À mesure que la glace disparaît, l'Arctique passe d'un rôle de réfrigérateur mondial à celui de radiateur. La fonte actuelle des glaces a déjà des conséquences directes dans le sud de l'Australie, là où je vis. Chaque printemps, nous attendons avec impatience l'arrivée des grandes nuées de pétrels et d'autres oiseaux de mer migrateurs qui effectuent presque un tour du monde en passant par les mers de l'Arctique. Depuis quelques années, nous retrouvons de plus en plus d'oiseaux morts de faim parce qu'ils n'ont pas trouvé de quoi se nourrir près du pôle et s'échouent sur nos côtes.

— J'ai été particulièrement frappé par les images des incendies pendant les feux de l'été austral en 2020-2021. Je crois que l'Australie a perdu un quart de ses forêts… Et ces vagues de chaleur touchent toute la planète. L'Europe, les États-Unis, et même la Russie…

— Oui, c'est effectivement un désastre qui touche l'ensemble des régions du monde. Si je me concentre sur ce qui s'est passé en Australie, l'ampleur de ces incendies dus à des vagues de chaleur extrême est édifiante : 21 % des forêts de feuillus tempérées ont été détruites. Des espèces entières sont condamnées, et notre intervention est très limitée puisqu'il faut des décennies pour replanter. Ce n'est pas tout. Lors de la grande canicule de 2009 à Victoria, en Australie, au cours de laquelle nous avons observé quatre jours consécutifs au-dessus de 40 °C, des dizaines de milliers de koalas et d'opossums ont péri. Plus récemment, en Nouvelle-Galles du Sud et dans le Queensland, des vagues de chaleur ont tué des centaines de milliers de renards et d'oiseaux. Hormis ces vagues brutales de chaleur, le réchauffement progressif a déjà des conséquences en Australie : plusieurs espèces de serpents de mer n'ont pas été aperçues depuis des décennies. Au large de la côte est de la Tasmanie, 95 % des forêts de varech ont disparu. Ce phénomène de disparition brutale d'espèces qui ne sont pas particulièrement exploitées par l'homme se retrouve un peu partout dans le monde. Ainsi du crapaud doré, une belle créature des hautes terres du Costa Rica. Autrefois incroyablement abondant dans la région, il a aujourd'hui totalement disparu. Notre écosystème est délicat. Certaines espèces se nourrissent de certaines feuilles d'arbre à un moment particulier de leur cycle. Mais avec l'augmentation du CO_2 dans l'atmosphère et le réchauffement, celles-ci perdent leurs vertus nutritives. Dans un monde où les températures moyennes changent brutalement, toutes les relations écologiques sont bouleversées. Ici ou là, on observe déjà que certaines espèces de fleurs sont trop mûres pour que les papillons puissent transporter leur pollen ou bien que le cycle de vie de certains insectes s'est transformé : ils ne remplissent plus leur rôle de proie pour les couvées de jeunes oiseaux. Ces signes sont les prémices de l'extinction des espèces. Il ne nous reste que quelques années pour lancer une action décisive et mettre fin à cet « holocauste » climatique.

Alors que j'écris ces lignes, j'échange avec Tim, qui me décrit les terribles inondations frappant l'Australie. Ces pluies diluviennes ont ravagé les mêmes communautés qui, il y a à peine deux ans, avaient déjà été victimes des feux de forêt ayant dévasté le pays. Ces événements sans précédent, me rappelle-t-il, nous prouvent que c'est maintenant qu'il faut agir contre le changement climatique. À ce stade, reporter cette tâche à plus tard pourrait être fatal.

Entendre Tim Flannery évoquer un tel désastre quand il aborde les conséquences parfois subtiles du réchauffement climatique sur notre planète provoque toujours chez moi l'effroi. Mais aussi le besoin de documenter le plus scientifiquement possible ce qui nous arrive et dont nous sommes directement responsables. Nous ne pourrons pas dire à nos enfants que nous ne savions pas. Et dans ce domaine, l'apport de la science est plus que précieux. Lors de mes voyages, je ne manque ainsi jamais d'effectuer de longues visites dans les centres de recherche. Je me souviens encore avec émotion de chaque minute de mon expédition de deux semaines en 2009 en Antarctique. J'ai eu la chance de partager le quotidien de ces chercheurs du bout du monde, installés souvent pendant plusieurs mois dans d'austères bases vie. Ma curiosité dans ce domaine est insatiable. J'ai aussi quelques marottes, je le confesse. Les méduses sont pour moi depuis longtemps un objet de fascination et je suis en détail les travaux des chercheurs, comme

Jacqueline Goy, qui étudient leur comportement. Cette curiosité remonte au début des années 1980, lorsque je naviguais sur la *Jeanne d'Arc*. Je me souviens qu'au large de Callao, au Pérou, en route pour la Polynésie, l'océan ne ressemblait plus qu'à un amas de grumeaux translucides : des millions de méduses proliféraient. À l'époque, déjà, il s'agissait de l'une des conséquences de la surpêche des anchois dans cette zone traversée par le courant de Humboldt, autrefois peuplée d'une faune d'une richesse inégalée se nourrissant de plancton. Les prédateurs ayant disparu, les méduses pouvaient à loisir se développer en profitant de l'abondance de plancton dans la zone. Aujourd'hui, outre leur fonctionnement tout à fait fascinant, les méduses, ces êtres singuliers que les hommes n'aiment pas, sont pourtant précieuses : leur profusion à certaines périodes de l'année et dans certaines régions ainsi que leur comportement sont un indicateur pour mesurer la dégradation des océans. Ces organismes qui comptent près d'un millier d'espèces ont aussi beaucoup à nous apprendre : les méduses approchent de l'immortalité et ont su adapter leur mode de reproduction (sexué et asexué) à la pollution des océans.

La mer est le dernier continent inexploré, et nous avons tant à faire pour mieux connaître tous ses mystères. Les travaux des scientifiques du monde entier dans ce domaine sont de ce point de vue un trésor inestimable. Aujourd'hui, des engins autonomes sillonnent les profondeurs, les satellites permettent de mesurer et modéliser toujours plus finement l'océan. Aux paramètres physiques s'ajoutent désormais des mesures biologiques. Je suis fasciné par les recherches menées grâce au séquençage ADN qui permet de détecter le passage d'animaux trop discrets pour être capturés ou même observés. Je suis heureux que Monaco soutienne l'animation du réseau « Biogeochemical ARGO ». Ces travaux et ceux d'autres équipes un peu partout dans le monde, spécialisées dans ces champs de recherche, offrent la possibilité de distinguer des centaines de nouvelles espèces dont nous ne connaîtrons sans doute jamais la forme. Quoi de plus naturel s'agissant du creuset de la vie ? Les techniques informatiques, les mégadonnées, l'intelligence artificielle commencent à peine à être utilisées et ouvrent de nouveaux horizons. À nous de les accompagner…

*

Depuis trois décennies, j'ai eu la chance de côtoyer des dizaines de scientifiques talentueux. J'ai voulu que ceux-ci puissent se retrouver à Monaco chaque année pour échanger leurs expériences. C'est pourquoi, il y a une dizaine d'années, j'ai créé la Monaco Blue Initiative, prolongée depuis 2017 par la Monaco Ocean Week. J'aime assister à leurs présentations, prendre des notes, échanger avec eux. Contrairement à d'autres chefs d'État, j'ai la chance de pouvoir prendre le temps de m'intéresser en profondeur et directement à leurs travaux sans me limiter à un discours de bienvenue ou un dîner de gala. Pendant cette semaine, qui, au fil des ans, est un peu devenue le « Davos de la mer », les scientifiques rencontrent et échangent dans un cadre unique et en toute liberté avec les associations, les chefs d'entreprise, les élus des grandes villes et bien sûr les citoyens. Ce sont des moments précieux car, si nous voulons trouver des solutions, il faudra le faire ensemble et non les uns contre les autres. Les enjeux sont suffisamment importants pour associer les énergies sincères et positives, d'où qu'elles viennent.

Ces journées sont aussi un espace militant. Nous avons ainsi profité de l'une des premières éditions de la Monaco Blue Initiative pour diffuser largement un appel à l'arrêt de la consommation de thon rouge en Méditerranée, alors en danger d'extinction, et nous nous sommes penchés sur la protection des grands prédateurs marins comme les requins. En une décennie, la Monaco Blue Initiative est devenue une formidable plateforme pour aborder tous les enjeux de la conservation des océans. Des chercheurs du monde entier, qui n'ont pas forcément l'habitude de se retrouver et de se côtoyer tant leurs domaines de recherche sont éloignés, profitent de l'occasion pour partager leurs travaux avec les décideurs politiques et économiques, les acteurs de l'entreprise et de la finance. C'est aussi le moment où sont présentées les recherches des Explorations de Monaco. C'est lors de ces rencontres stimulantes que nous avons mis en place le MedFund, le fonds financier dédié à la gestion des aires marines protégées en Méditerranée, ou contribué aux efforts des scientifiques du GIEC pour mener des études spécifiques sur les mers et les océans. C'est aussi grâce aux travaux et aux rencontres de la Monaco Blue Initiative qu'avec les scientifiques nous avons identifié l'importance de la création des aires marines protégées dans l'océan Austral.

Je l'ai dit, je suis loin d'être moi-même un scientifique, mais j'ai un respect absolu pour leurs travaux. J'ai donc à cœur de me faire leur modeste porte-parole auprès des dirigeants politiques que je rencontre. En 2008, tandis que j'assistais au second symposium international The Ocean in a High-CO_2 World, qui se déroulait au Musée océanographique et auquel le Centre scientifique de Monaco participait, je me suis rendu compte de l'importance du phénomène d'acidification de l'océan, alors totalement méconnu des responsables politiques. J'ai proposé aux cent cinquante chercheurs de vingt-six pays présents de rédiger et de signer une « Déclaration de Monaco » sur le sujet. Un texte que j'ai ensuite partagé avec Barack Obama et Angela Merkel. Je savais que, même s'ils ne doutaient pas de ma sincérité, je devais aussi, si je ne voulais pas être un simple facteur, connaître toutes les données de cette problématique pour les sensibiliser efficacement. Je leur ai donc présenté ce phénomène méconnu mais très problématique en quelques mots. Nous nous focalisons, et c'est évidemment très bien, sur l'augmentation du CO_2 dans l'atmosphère, mais celle-ci s'accompagne d'un phénomène tout aussi inquiétant : l'augmentation de la quantité de CO_2 dans les océans. Or, une fois dans l'eau, ce gaz acide se dissout et provoque une acidification de la mer, ce qui se traduit par une diminution du pH et une modification de la chimie des carbonates, qui ne sont pas sans conséquences sur certains organismes marins. Les premières victimes sont les mollusques ou les coraux, mais bientôt l'ensemble de l'écosystème sera frappé. Je n'ai jamais tenté de m'attribuer la paternité de cet appel car je ne cherche évidemment dans ce domaine aucune gloriole personnelle, mais quand Barack Obama, un peu plus tard, a accepté de financer un programme ambitieux visant à créer le plus grand sanctuaire marin de la planète, j'ai été profondément heureux. Heureux pour notre cause commune.

*

Dans ce livre, afin de partager avec mes lecteurs le privilège de pouvoir dialoguer avec les meilleurs chercheurs internationaux, j'ai souhaité faire une place aux travaux incontournables de Valérie Masson-Delmotte. Valérie est l'une des chercheuses les plus fascinantes du GIEC, devenu l'autorité de référence sur le climat. Créé en 1988 par l'Organisation météorologique mondiale (OMM) et le Programme des Nations unies pour l'environnement (PNUE), ce groupe d'experts fait le point sur l'état des connaissances et analyse, à partir des publications scientifiques, le changement climatique, ses conséquences, et les actions et adaptations possibles à travers le monde. Mais son rôle est aussi politique, au sens le plus noble du terme : il a pour but de fournir une base de connaissances robustes pour éclairer les choix politiques des responsables gouvernementaux. Afin de mesurer la qualité de leur expertise, il faut savoir que pour son cinquième rapport, paru en 2014, le groupe a compilé près de vingt mille études issues des travaux de plus de huit cents chercheurs, et que deux mille experts ont été mis à contribution. L'ampleur du travail est la même pour le rapport de 2021, qui a passé en revue les éléments scientifiques de plus de quatorze mille publications, ce qui a mobilisé plus de deux cent trente chercheurs, avec l'aide de centaines de contributeurs et de milliers de relecteurs. Il est précieux pour notre survie de pouvoir accéder aux travaux d'autant de spécialistes désintéressés et bénévoles, de toutes nationalités, qui n'ont d'autre ambition que de donner des réponses rigoureuses, précises et non partisanes à la crise environnementale qui nous frappe de plein fouet.

À Monaco, nous soutenons depuis longtemps les travaux du GIEC, qui servent de référence pour les négociations lors des conférences internationales sur le climat. Au sein de ce collectif de chercheurs, la Française Valérie Masson-Delmotte, directrice de recherches au Laboratoire des sciences du climat et de l'environnement, a co-supervisé le Rapport spécial sur l'océan et la cryosphère. Elle est aujourd'hui la coprésidente du groupe du GIEC qui se concentre sur les bases physiques du changement climatique. Je partage ici son expertise et nos échanges si passionnants, en publiant une partie des notes que j'ai prises sur ses travaux les plus récents sur l'océan.

La rigueur des travaux de Valérie et des experts du GIEC est incontestable. Grâce à eux, là encore, nous ne pourrons plus jamais dire aux générations futures : « Nous ne savions pas. » Ceux-ci sont accessibles à tous, et chacun, expert ou simple citoyen, quel que soit son niveau d'éducation scientifique, peut se les approprier aisément. Première donnée à avoir en tête, nous l'avons déjà abordé : le rôle crucial de l'océan dans ce que l'on pourrait appeler la « chaîne climatique ». Celui-ci absorbe une partie des émissions de CO_2 : sur les 40 milliards de tonnes de CO_2 émises par les activités humaines entre 2010 et 2019, environ 46 % se sont accumulées dans l'atmosphère, 23 % dans l'océan et 31 % ont été stockées par la végétation dans les écosystèmes terrestres.

Seconde donnée : le réchauffement climatique touche particulièrement l'océan, qui se réchauffe en surface et en profondeur. Il a en effet absorbé jusqu'à aujourd'hui environ 91 %

de l'excès de chaleur dû aux activités humaines, ce qui dans un premier temps a limité les effets de ce réchauffement climatique de surface mais dérègle progressivement et de manière irréversible le mélange des eaux océaniques et donc leur fonctionnement à l'échelle de centaines d'années. Autre observation : les conséquences et les projections de la montée du niveau moyen des mers. Elle atteint 20 centimètres depuis 1900. C'est une augmentation très rapide, inédite depuis plus de trois mille ans, mais qui n'est qu'un début. D'ici à 2050, il est attendu que le niveau des mers monte de 15 à 30 centimètres au-dessus du niveau actuel, quasiment indépendamment de ce qui sera fait vis-à-vis des émissions de gaz à effet de serre. Il s'agit d'un lent processus qui est engagé à l'échelle de siècles et de millénaires, et contre lequel il n'est déjà plus possible d'agir immédiatement puisque du fait du temps d'ajustement des glaciers (décennies), de l'océan profond (siècles) et des calottes du Groenland et de l'Antarctique (millénaires), nous savons déjà que la montée du niveau des mers se poursuivra inéluctablement. Avec une nuance toutefois, sur laquelle nous pouvons agir directement : l'ampleur de cette montée après

2050 va dépendre étroitement des émissions de gaz à effet de serre à venir, et du niveau de réchauffement. Un exemple fréquemment mentionné par Valérie est particulièrement parlant. Si les émissions de CO_2 stagnent au niveau actuel pendant quelques décennies, le réchauffement dépassera 2 °C autour de 2050 et plus de 3 °C au siècle suivant, avec cette conséquence : la montée du niveau des mers serait dans ce cas de 45 à 75 centimètres de plus d'ici à 2100, de 70 centimètres à 1,30 mètre d'ici à 2150, de 4 à 10 mètres sur deux mille ans, et de 10 à plus de 20 mètres sur dix mille ans. Si nous parvenions à limiter le réchauffement climatique sous 2 °C dans la deuxième moitié de ce siècle, la montée des eaux aurait quand même lieu, mais elle serait plus réduite : de 30 à 60 centimètres d'ici à 2100, de 50 centimètres à 1 mètre d'ici à 2150, de 2 à 6 mètres d'ici deux mille ans, et de 8 à 13 mètres sur dix mille ans.

Cette montée des eaux n'est pas seulement dommageable pour les côtes et les habitations qui les bordent. Elle entraîne dès à présent des événements climatiques violents de plus en plus nombreux. Nous constatons d'ores et déjà dans certaines régions le quasi-doublement de la fréquence d'inondations dues aux marées depuis les années 1960. Mais les projections pour le futur sont bien plus inquiétantes. D'ici à 2050, du fait de la montée graduelle du niveau des mers, les événements extrêmes de niveau marin, rares jusqu'ici (une fois par siècle dans le passé récent), se produiront vingt à trente fois plus fréquemment. D'ici à 2100, si le réchauffement est limité sous 2 °C, les projections montrent que ces événements seraient cent soixante fois plus fréquents et que la probabilité d'inondations composites (onde de tempête, pluie, crue fluviale extrême, cyclones, précipitations intenses) augmentera.

Le rapport du GIEC publié en 2021, et que Valérie Masson-Delmotte a coordonné, évoque aussi la multiplication des vagues de chaleur marines qui ont évidemment des impacts graves et persistants sur les écosystèmes marins. Ces vagues de chaleur sont aujourd'hui deux fois plus fréquentes, plus intenses et plus longues qu'il y a quarante ans. D'ici à la fin de ce siècle, les projections montrent que celles-ci seraient quatre fois plus fréquentes si le réchauffement était limité sous 2 °C, et huit fois plus fréquentes pour un réchauffement de 4 °C, en particulier dans les régions tropicales et dans l'Arctique.

En lisant les travaux du GIEC et en écoutant Valérie Masson-Delmotte, j'ai compris les conséquences d'un tel réchauffement. C'est un phénomène physique assez basique qui se joue : la densité de l'eau de mer de surface se réduit à cause du réchauffement et de l'augmentation des apports d'eau douce dans les régions polaires. Cela freine le mélange des masses d'eau et augmente la stratification des premiers deux cents mètres de l'océan, ce qui, avec leur réchauffement, entraîne une désoxygénation des premiers mille mètres. En étant davantage sollicité et en absorbant toujours davantage de CO_2, l'océan subit une pression toujours plus forte qui impacte sa chimie et renforce l'acidification. La vie marine est déjà affectée par ces bouleversements qui entraînent des déplacements de populations d'organismes marins et de poissons (généralement vers les pôles et en profondeur), avec des modifications des espèces des écosystèmes marins, la perte d'habitats, une perte de diversité et une dégradation des fonctions des écosystèmes.

Grâce à ces travaux, nous connaissons précisément les scénarios et les conséquences du réchauffement climatique sur l'océan à un horizon lointain. Nous savons donc de façon certaine et incontestable que si nous voulons offrir aux générations futures un environnement le moins dégradé possible, il nous faut agir et réduire très rapidement les émissions mondiales de CO_2 pour atteindre, avec le cumul le plus réduit possible, zéro émission nette. Notre responsabilité est immense.

*

Aimer la mer, c'est accepter que ceux qui la peuplent ne soient pas apprivoisés et parfois nous fassent peur. Dans nos rêves de toute-puissance, nous imaginons une mer domestiquée. C'est une erreur magistrale. Grâce à mon amie Sandra Bessudo, j'ai ainsi eu le privilège d'approcher l'univers des requins, que nos fantasmes ont constitués en ennemis mais qui ont pourtant et évidemment toute leur place dans notre monde. Ils ne s'attaquent à l'homme que lorsqu'ils nous perçoivent comme un danger, lorsque nous nous trouvons sur leur chemin ou lorsqu'ils nous confondent avec une proie car ils ne voient pas grand-chose. Biologiste franco-colombienne, Sandra se bat depuis des années pour défendre ces mal-aimés qu'elle a découverts quand elle était enfant. Au fil des années, d'abord à travers son association, puis en exerçant de hautes responsabilités au sein de l'État colombien, elle a réussi à transformer en sanctuaire les abords de l'île de Malpelo, située à 490 kilomètres à l'ouest de la côte de Buenaventura, dans l'océan Pacifique. Grâce à son volontarisme, elle a su convaincre les responsables politiques de son pays d'y créer une zone protégée pour laisser une population de centaines de requins-marteaux s'y reproduire sereinement alors que leur espèce était particulièrement menacée par la pêche illégale. Près de soixante-dix autres espèces de requins y ont, elles aussi, trouvé refuge, ainsi que de nombreux mammifères marins, des oiseaux, des tortues. Son expérience est si intéressante et prometteuse que l'Unesco a choisi d'inscrire l'île au patrimoine mondial de l'humanité.

Je veux aussi saluer la création par la Colombie, le Panamá, l'Équateur et le Costa Rica du « Corridor marin de conservation du

Pacifique tropical oriental » lors de la COP26 de l'automne 2021. Cette route migratoire va relier et élargir les aires marines protégées nationales déjà créées dans cette région du Pacifique. Une « méga zone protégée » de plus de 500 000 km^2 sera ainsi constituée. Ce corridor écologique va sécuriser la migration des grands prédateurs marins (requins, tortues, baleines, raies…) entre leurs aires d'alimentation et leurs aires de reproduction, en limitant l'impact de la pêche. Ces exemples prouvent que des solutions sont possibles et montrent qu'il est du devoir de chacun d'œuvrer, même de façon minime, pour la protection des océans.

Chaque initiative mérite d'être encouragée. En fait, c'est l'accumulation de petites et grandes solutions qui permettra de sauver notre planète. C'est aussi un changement d'esprit radical. Qu'on le veuille ou non, nous devons adopter un autre système de développement et une nouvelle façon de vivre, plus durable et plus responsable. Cela n'implique pas forcément des sacrifices énormes, et encore moins de retourner à l'âge des cavernes. Si l'on encourage les solutions que l'on connaît et qui existent déjà dans le domaine de l'énergie, des transports, de l'agriculture durable, du traitement des déchets, de l'économie circulaire, non seulement nous ne vivrons pas moins bien, mais nous créerons des millions d'emplois. Pour moi, entrepreneuriat et développement durable ne sont pas opposés, pour peu que nous ayons le courage d'aller dans la bonne direction.

Je me souviens d'une rencontre, il y a sept ou huit ans, dans les salons d'honneur du Sénat, à Paris. Un homme s'est approché de moi. Je le connaissais car nous avions été quelque temps plus tôt en conflit. Moi parce que je défendais la création des aires marines protégées et la mise en place de quotas plus stricts pour la pêche du thon rouge. Lui parce qu'il représentait les pêcheurs français. Selon lui, notre combat en faveur des océans ruinait ses camarades puisque nous souhaitions imposer davantage de restrictions. Au lieu de s'emporter, Gérard Romiti, le président du Comité national des pêches maritimes, m'a remercié, m'expliquant qu'en allégeant les prises, en les contrôlant davantage, la population des poissons s'était petit à petit reconstituée et procurait davantage de ressource aux pêcheurs dont il défendait les intérêts. Lui et ses camarades avaient intégré que la gestion raisonnée de la ressource était profitable à leur secteur d'activité.

Dans ce même esprit, à Monaco, en 2008, alors que les stocks de thon s'effondraient, était mise en place spontanément une interdiction de servir du thon rouge dans les restaurants. Pour bien faire comprendre à tout le monde que ce n'était pas une simple posture, j'ai même quitté un établissement qui passait outre. Quelle joie de constater qu'en quelques années la population de thon rouge s'est reconstituée et que les amateurs peuvent à nouveau en consommer puisque la pêche de celui-ci est désormais raisonnée.

Il est stimulant d'observer que les activités économiques ne sont pas forcément incompatibles avec la protection de l'environnement. C'est un enseignement précieux qu'il faut partager avec le plus grand nombre. Plusieurs études sérieuses montrent que les avantages financiers générés par certains programmes ciblés de protection des océans dépassent de loin leurs coûts. Concrètement, chaque euro investi dans une aire marine protégée, où la pêche est strictement encadrée, procure un revenu de 10 euros à ceux qui vivent de la mer. C'est fort de ces analyses,

© Palais princier de Monaco

En 2005, S.A.S. le Prince Albert II de Monaco est devant le glacier de Lilliehook, au Svalbard. Il compare la situation actuelle à une photographie prise par le Prince Albert Ier, cent ans plus tôt, et constate la fonte accélérée des glaces.

Le Prince Albert Ier sur l'île de Spitzberg, en 1899.

Le Prince Albert Ier sur le pont de son bateau, au cours de l'une de ses 28 campagnes océanographiques.

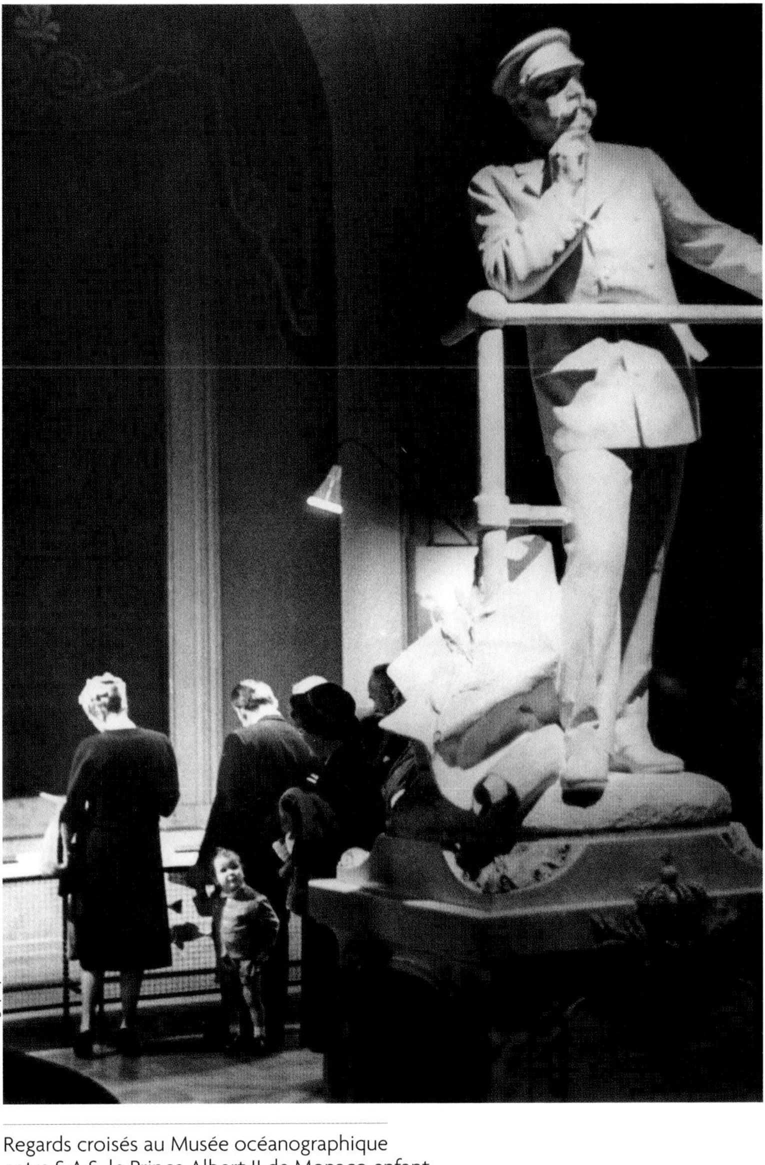

Regards croisés au Musée océanographique entre S.A.S. le Prince Albert II de Monaco enfant et son trisaïeul, le Prince Albert Ier, fondateur de l'Institut océanographique.

© Sylvain Peroumal

Personne ne peut tout faire, mais chacun peut faire quelque chose. S.A.S. le Prince ne perd jamais une occasion de retirer des déchets. Ici, en 2016, en plongée sur les récifs de Tubbataha, aux Philippines.

© Institut océanographique de Monaco - Michel Dagnino

En 2021, la Fondation Prince Albert II de Monaco et l'Institut océanographique ont mené une étude inédite sur les populations d'hippocampes dans les eaux monégasques. Dans ce cadre, S.A.S. le Prince Albert II a remis en mer sept juvéniles au large de Monaco.

À Badu Island, S.A.S. le Prince Albert II de Monaco échange avec l'artiste Alick Tipoti de Zenadh Kes (détroit de Torrès). Ils sont tous deux animés par l'héritage de leurs ancêtres et par leur engagement personnel envers la nature, en particulier l'océan.

En 2018, S.A.S. le Prince Albert II de Monaco à Malpelo, retirant les filets de pêche dérivants. Bien que protégé, le site reçoit toujours la visite de pêcheurs peu scrupuleux.

Aux Philippines, en 2018, S.A.S. le Prince Albert II de Monaco pose une balise sur une tortue marine.

© Alvaro Canovas / ParisMatch / Scoop

Visite des aquariums du Musée océanographique par LL.AA.SS. le Prince Albert II de Monaco, la Princesse Charlène et leurs enfants, le Prince Héréditaire Jacques et la Princesse Gabriella, en 2015. Une image représentative de la volonté de transmission de la protection de l'océan aux générations futures.

que nous avons, avec la France et la Tunisie, créé le MedFund, dont j'ai déjà parlé, qui finance une meilleure gestion des aires marines protégées en Méditerranée.

À Raja Ampat, ces îles surnommées les « quatre rois » en Papouasie-Nouvelle-Guinée, nous avons contribué à une formidable initiative locale avec une centaine de villages de pêcheurs. Dans cet endroit que je considère comme l'un des plus beaux au monde, les massifs coralliens étaient particulièrement menacés par les activités humaines. Il n'était pas question d'arriver en dénonçant la pêche, le seul moyen de subsistance des populations locales, mais d'encourager les pêcheurs à devenir les gardiens de cet espace, de créer des emplois durables, d'inventer de nouvelles activités et de faire de la pédagogie. En quelques années, cette initiative a changé tant de choses que c'est aujourd'hui un modèle pour d'autres espaces menacés dans le monde. Je pense ainsi à une initiative au Cambodge, où nous avons contribué à créer la première aire marine protégée du pays là où la pêche sauvage détruisait petit à petit tout l'écosystème. Depuis, l'écotourisme a non seulement permis aux populations locales de préserver leur région mais aussi de vivre mieux en bénéficiant de nouvelles infrastructures.

Je suis convaincu que c'est par le dialogue des scientifiques avec les entreprises, les ONG, les gouvernements, les populations locales, et pas dans l'opposition, que nous pourrons améliorer la situation des océans et plus largement de notre planète.

IV

Le défi de notre génération

Il y a quelques années, j'ai effectué une plongée particulièrement stimulante dans la réserve marine de Scandola, en Corse, avec Enric Sala. Nous y avons constaté que la vie marine peut se rétablir quand on laisse de l'espace à l'océan. Cette plongée dans cette zone autrefois surexploitée par les pêcheurs a pris des allures de voyage en arrière dans le temps tant la densité de poissons autour de nous était impressionnante. Enric et moi avons nagé plusieurs heures durant parmi quantité d'espèces devenues extrêmement rares partout ailleurs en Méditerranée. Les grands mérous sombres se sont approchés de nous. Ils semblaient vérifier leur reflet dans nos masques de plongée. L'un d'eux a même cherché à communiquer avec nous : il s'inquiétait de notre présence et nous tournait autour afin de nous faire comprendre qu'il était chez lui. Il a pris soin de nous suivre et nous a raccompagnés à la lisière de son territoire pour s'assurer que nous n'étions pas en train d'envisager de prendre racine chez lui. Cette belle rencontre nous a offert un formidable message d'espoir.

Scientifique aujourd'hui installé aux États-Unis, où il est explorateur en résidence chez National Geographic, Enric est un enfant de la Méditerranée dont il connaît chaque recoin. Avec ce Catalan qui a longtemps travaillé le long des rivages corses, nous nous sommes rencontrés il y a pas mal d'années dans une réunion scientifique internationale. Depuis, nous nous revoyons fréquemment, à Monaco ou ailleurs. À Washington, il a monté un programme que j'ai visité plusieurs fois pour développer le concept d'aires marines protégées à l'échelle mondiale. Ce qui me fascine chez Enric, c'est sa connaissance intime des fonds marins. Lorsque nous plongeons ensemble, il sait, presque à l'instinct, où se déplacer pour découvrir certains poissons ou certaines algues particulièrement rares. Au fil des années, Enric Sala est devenu un ami. C'est aujourd'hui un allié précieux dans cette bataille pour la défense de l'océan avec qui j'aime particulièrement dialoguer, tant son expertise mais aussi son enthousiasme sont des atouts pour notre combat. Scientifique reconnu, il a une façon bien à lui d'évoquer la situation de l'océan et d'imaginer les solutions que nous devrions mettre en place pour limiter les effets de la catastrophe que nous avons engendrée. Il parle de ses travaux et de ses espoirs avec tant de conviction que j'ai, comme pour Tim Flannery, souhaité reproduire ici l'un de nos derniers échanges.

— Enric, que représente l'océan dans notre écosystème ?

— Sur les quelque 9 millions d'espèces de plantes et d'animaux présents sur notre Terre, les mers en contiennent 2,2 millions. Ce que nous n'avons pas toujours à l'esprit, c'est aussi le fait que 99 % de la biosphère – la couche vivante de notre planète – se trouve dans l'océan. Il recèle aussi une biodiversité étonnante, que la plupart d'entre nous ne soupçonnent pas. Or nous devrions être fascinés par ce qu'il nous offre : des insectes qui marchent sur l'eau en pleine mer, des oiseaux qui ne touchent pas terre pendant des mois, des poissons qui volent, des poulpes avec neuf cerveaux, des baleines géantes qui peuvent communiquer avec leurs congénères à travers des centaines de kilomètres d'eau de mer… Sans parler des minuscules polypes constituant les récifs coralliens qui s'étendent sur des milliers de kilomètres, notamment en Australie. Tout cela n'appartient pas à la science-fiction, mais bien à notre écosystème.

— Et pourtant, les souffrances imposées par les activités de l'homme sont particulièrement dramatiques…

— L'équation est très simple : nous y prélevons trop de ressources et nous nous y débarrassons de ce que nous ne voulons pas. Il n'est pas nécessaire d'être scientifique pour comprendre que pêcher quotidiennement un stock de poissons supérieur à leur taux de reproduction est un problème. Or, plus des trois quarts des poissons et des invertébrés exploités commercialement sont surexploités. Au-delà de ses conséquences sur l'écosystème, la surpêche affecte aussi particulièrement les pays les plus pauvres et à faible revenu, car elle met en danger la sécurité alimentaire de plus de 1,5 milliard de personnes. Seconde menace, la pollution invisible. En dehors des invraisemblables quantités de déchets plastiques qui finissent dans l'océan, la vie marine est attaquée par les PCB (polychlorobiphényles), ces molécules développées par l'industrie chimique, qui ne se dissolvent pas dans l'eau et jouent le rôle de perturbateurs endocriniens particulièrement agressifs, ainsi que par les métaux lourds, de véritables poisons pour la faune et la flore océaniques. La troisième menace principale, c'est évidemment le réchauffement climatique.

— Or, paradoxalement, l'océan joue un rôle majeur dans la régulation du climat, n'est-ce pas ? Depuis la révolution industrielle, l'océan a en effet absorbé 90 % de l'augmentation de température générée par les activités humaines. Si cette chaleur s'était diffusée dans les 10 kilomètres inférieurs de l'atmosphère, la Terre aurait connu un réchauffement de 36 °C ! La Terre ressemblerait à la planète Vénus. Enric, ce que vous voulez dire, c'est que l'océan incarne notre salut… C'est en lui que nous devrions trouver des solutions pour le climat…

— Il faut un effort dans tous les domaines, c'est évident. Mais l'océan a une exceptionnelle capacité à se régénérer. Et nous devons utiliser cet atout, à condition de prendre soin de lui.

La création d'aires marines protégées est ainsi un exemple fascinant. Les études prouvent que dans ces zones où la pêche est interdite, la densité de poissons est rapidement six fois en moyenne plus importante qu'ailleurs. L'exemple du réseau de réserves marines interdites à la pêche dans la baie de Gökova, en Turquie, est particulièrement frappant. Frustré par l'effondrement de la vie marine dans les eaux turques, l'écologiste turc Zafer Kizilkaya, en accord avec les communautés locales de pêcheurs – dont cent femmes ! –, a convaincu les autorités de créer une réserve marine couvrant 27 km^2, dans une zone où nous avions précédemment mesuré certaines des plus faibles densités de poissons au monde. Après quelques années, les poissons se sont réapproprié la zone. Zafer a installé des caméras sous-marines pour surveiller la vie marine et, à sa grande surprise, il a aperçu des phoques moines, autrefois presque totalement disparus, qui venaient y chasser des poulpes. Il a même découvert le passage de requins dans la zone alors qu'en trente ans de plongée en Méditerranée je n'en ai jamais aperçu un seul ! La vie marine s'est non seulement reconstituée, mais aux abords de la zone protégée, les pêcheurs capturent désormais davantage de poissons puisque ceux-ci vont et viennent librement. Ce projet a connu un tel succès que maintenant le gouvernement turc a demandé à Zafer d'étendre le réseau de réserves à 350 km^2.

— Quelle est la superficie protégée en Méditerranée ?

— Aujourd'hui, les aires marines protégées, où la pêche est encadrée, couvrent 8,3 % de la Méditerranée, mais les espaces totalement préservés de la pêche ne dépassent pas 0,04 %. Ces espaces se situent surtout au nord. C'est évidemment très insuffisant !

— Comment expliquer ce retard alors même que ces initiatives ont un impact direct et d'ailleurs profitable aux populations locales ?

— C'est une énigme de notre époque. Ceux qui détruisent la nature pour un profit à court terme nous disent que nous ne pouvons pas restreindre davantage leurs activités. Or, le pire ennemi de la pêche est justement la surpêche, et non les quelques zones d'interdiction de pêche. Il faut donc dissiper ce mythe que le lobby de la pêche industrielle cherche à installer. Leurs faux arguments ne doivent pas nous rendre moins ambitieux. La science est tout à fait claire : d'ici dix ans, il faudrait que les aires marines protégées couvrent 30 % de la surface de l'océan. C'est un plancher, pas un plafond, car les recherches les plus récentes suggèrent que, pour la conservation de la biodiversité, l'approvisionnement alimentaire et le stockage du carbone océanique, nous aurions en réalité besoin de protéger environ 45 % de l'océan. D'autres études vont même plus loin et suggèrent de protéger davantage encore nos mers. C'est une question de volonté : les études économiques estiment que le coût de la gestion d'un réseau mondial de zones de non-exploitation serait d'environ 15 milliards de dollars par an. Cela peut sembler beaucoup, mais ce n'est qu'une fraction de l'argent que les gouvernements utilisent pour subventionner la surpêche. L'argent est là, mais nous l'utilisons pour vider l'océan de sa faune au lieu d'assurer sa pérennité. De plus, ce n'est qu'un quart de ce que nous dépensons chaque année en crèmes glacées. Ne voir que cet aspect relève d'ailleurs d'une vision à très court terme. Il ne faut pas seulement voir la mise en place de ces aires marines protégées comme un coût, mais comme une opportunité. Celles-ci pourraient même... générer des revenus. Une étude de l'OCDE publiée en 2017 souligne ainsi que si les AMP couvraient 10 % des surfaces maritimes, les « bénéfices » au sens large (pour la pêche, la santé humaine mais aussi sous forme de revenus immatériels) représenteraient plusieurs centaines de milliards de dollars.

— La création d'AMP n'est qu'un aspect de la protection des océans. Ne faut-il pas d'abord se concentrer sur les initiatives destinées à lutter contre l'acidification et le réchauffement ?

— Le problème des gaz à effet de serre n'est certes pas un sujet que la protection des océans peut régler d'un coup de baguette magique. Mais contrairement à ce que l'on croit, nos récentes recherches ont dévoilé une nouvelle source d'émissions de carbone que nous n'avions pas mesurée auparavant. En labourant les espaces sous-marins avec de gigantesques filets, le chalutage de fond perturbe beaucoup de sédiments et les remet en suspension. Or ceux-ci sont le plus grand réservoir de carbone de notre planète. Ils contiennent deux fois plus de CO_2 que l'ensemble des sols de la surface terrestre. Nous estimons que les émissions de gaz à effet de serre dues au seul chalutage de fond sont supérieures aux émissions de l'Allemagne, et même supérieures aux émissions annuelles de l'aviation mondiale ! La protection des espaces particulièrement exploités aurait donc un impact considérable. En poussant le raisonnement, on pourrait même inciter les États à réduire le chalutage de fond en échange de crédits carbone ou d'indemnités financières. Cela signifie qu'il existe des opportunités pour développer un nouveau marché du carbone océanique. Je peux imaginer des pays réduisant ou arrêtant tout chalutage de fond (qui est également le moyen le plus destructeur d'obtenir de la nourriture dans l'océan), afin d'éviter les émissions de carbone et, en contrepartie, vendre des crédits carbone pouvant être utilisés pour financer la protection des océans.

*

Les créations d'aires marines protégées, la prise en compte par le droit international que la mer n'est pas un territoire où tout est permis, la pénalisation des délits environnementaux... Les chefs d'État ont un rôle essentiel à jouer sur de tels sujets et pas seulement parce que leurs opinions publiques sont de plus en plus sensibilisées à de tels sujets. C'est ainsi que Monaco s'engage aussi bien dans des initiatives internationales, comme la « High Ambition Coalition for Nature and People », qui d'ici 2030 vise à ce que 30 % des océans soient classés en zone protégée et, si possible, préservés de toute pêche. Ces sujets ne se règlent pas en un jour. Il faut donc exercer des pressions au quotidien, accepter de faire des compromis, même si c'est souvent douloureux, revenir dix fois, vingt fois à la charge.

Mais ces négociations au plus haut niveau ne doivent évidemment pas déresponsabiliser ceux qui souhaitent changer les choses. La protection de la planète n'est pas seulement l'affaire de chefs d'État et de patrons de grandes entreprises. Chacun, en toute occasion, doit prendre sa part, avec ses moyens. À ce titre, les micro-initiatives sont particulièrement précieuses. D'abord parce qu'elles jouent souvent un rôle crucial dans la préservation de certaines espèces. Ensuite parce qu'elles prouvent à chacun qu'il y a des solutions pour lutter contre la fatalité, même si cela ne concerne que des microterritoires et des moyens très limités.

Dans cette perspective, depuis quinze ans, la fondation que j'ai créée pour tenir cette promesse que je m'étais faite d'œuvrer par tous les moyens à la protection de notre planète a engagé plus de 90 millions d'euros pour soutenir plus de sept cents projets. Parmi ces microprojets, quelques-uns me touchent particulièrement. Comme celui-ci, au Kenya, où nous avons contribué à améliorer l'accès à l'eau d'une communauté particulièrement déshéritée grâce à des énergies renouvelables. Je voudrais aussi m'attarder ici sur un exemple frappant, celui des hippocampes de Méditerranée. Bien que les deux espèces auxquelles ils appartiennent soient protégées par la convention de Berne de 1999, leur population se réduit de façon inquiétante depuis plusieurs années à Monaco, et c'est à nous qu'il appartient de réparer les conséquences de nos activités. Nous travaillons ainsi à réintroduire ces animaux fascinants, qui autrefois vivaient en abondance à proximité du Rocher, et à favoriser leur repeuplement dans la réserve naturelle sous-marine de 14 hectares du Larvotto. Ce n'est pas simple : même sur un microprojet comme celui-ci, il n'est pas question de jouer aux apprentis sorciers. S'entourer d'experts est crucial. Il a ainsi fallu mener toutes les études nécessaires, un peu batailler avec les technocrates pour respecter à la lettre toutes les réglementations. Il a ensuite fallu prélever les hippocampes géniteurs, étudier leur ADN pour encourager leur diversité génétique et obtenir des pontes, élever la nouvelle génération en laboratoire et dans des bassins spécialisés, la relâcher après dix mois et suivre son évolution et sa croissance. Cent soixante heures de plongée ont été nécessaires avant de concrétiser ce repeuplement. Tout ceci prend beaucoup de temps et demande beaucoup d'efforts. Mais quelle satisfaction, finalement, de constater qu'aujourd'hui, ceux-ci sont à nouveau chez eux.

De la même manière, il y a quelques années, pour limiter au maximum l'impact environnemental d'un projet immobilier à proximité de cette réserve sous-marine du Larvotto, des plongeurs ont transplanté un à un des plants de posidonie, cette herbe marine (ce n'est pas une algue) si caractéristique des côtes du sud de l'Europe.

En Méditerranée, nous avons soutenu depuis 2015, dans le cadre de l'initiative BeMed (Beyond Plastic Med) qui aide et met en réseau les acteurs engagés contre la pollution plastique, près de soixante-dix projets, dans quatorze pays. En Égypte, nous sensibilisons les pêcheurs du Nil pour qu'ils ramassent les déchets plastiques avant leur arrivée en mer et en recyclent une partie. Au Liban, nous nous employons à favoriser d'autres contenants que le plastique dans les produits de consommation courante. En Tunisie, nous intervenons auprès d'industriels ; en France, pour aider de jeunes étudiants à organiser des campagnes de sensibilisation, etc.

Je suis convaincu que la contrainte peut accompagner mais qu'elle ne doit pas être la clef de voûte de notre combat, au risque de l'échec. Je ne suis pas non plus un militant de la décroissance, qui n'est pas une solution à la dégradation de notre environnement. Je suis en revanche un fervent défenseur du pragmatisme en matière environnementale. Ainsi, pour fréquenter de nombreux chefs d'entreprise, je sais bien qu'ils n'ont pas pour objectif de détruire notre planète. Ils cherchent à produire des richesses et des services, certes. Sauf à changer radicalement de modèle, et sous la contrainte, avec des conséquences sociales douloureuses, les populations, dans les pays développés comme dans les pays plus pauvres, n'accepteront jamais, hormis à la marge, de restreindre leur confort individuel au profit du bien collectif. Il faut donc imaginer des incitations positives. De nombreux pays européens parviennent à encourager les énergies renouvelables en les subventionnant en partie. Le renouvellement du stock actuel de voitures roulant à l'énergie fossile par une flotte utilisant la propulsion électrique est aussi largement encouragé financièrement. Mais tout ne passe pas seulement par des impôts, des taxes, des subventions, des aides diverses. La défense de notre planète demande une révolution. Nous devons changer d'état d'esprit pour respecter enfin la planète sur laquelle nous vivons. Nous devons éduquer nos enfants à ce défi. Nous devons produire et consommer mieux, plus durablement et de façon plus responsable. Ces sujets, je les aborde souvent avec mes homologues, ces chefs d'État parfois les plus puissants du monde que j'ai la chance de pouvoir rencontrer.

*

En 1992, alors que je n'étais que le Prince héréditaire, et comme s'il pressentait lui aussi que le sujet serait la préoccupation principale de ma génération, j'avais accompagné mon père, Rainier III, à la conférence de Rio, la première réunion internationale de chefs d'État évoquant l'environnement. Il y avait bien eu auparavant un premier sommet de la Terre en 1972, organisé en Suède, mais, en pleine guerre froide, celui-ci n'avait pas eu, hormis la création du Programme des Nations unies pour l'environnement, le retentissement nécessaire. À Rio, les choses étaient différentes. Les études scientifiques se multipliaient, et surtout les conséquences environnementales commençaient à devenir de plus en plus flagrantes. Je me souviens encore, lors de cette conférence, de cette adolescente canadienne qui devait avoir à peine douze ans, Severn Cullis-Suzuki, fille de professeurs de Harvard, qui avait lancé cette adresse aux chefs d'État les plus puissants du monde : « Les parents devraient pouvoir réconforter leurs enfants en leur disant : “Tout va bien se passer, ce n’est pas la fin du monde et nous faisons du mieux que nous pouvons.” Mais je ne pense pas que vous puissiez encore nous dire ça. » À l’époque, un peu naïf, je pensais que Rio allait marquer un tournant : nous allions changer nos modes de développement, être plus responsables, plus respectueux de notre bien commun, il y avait une prise de conscience au plus haut niveau des États, etc. Ce serait injuste d’imaginer que les chefs d’État ne se sont rendus à Rio que par cynisme ou pour faire de la communication politique. Mais le constat est là : depuis Rio – c’était il y a trente ans –, les grands-messes internationales se sont succédé mais elles n’ont pas permis d’engager la véritable révolution dont nous avons besoin. La première COP Climat de Berlin en 1995 a certes préparé le protocole de Kyoto (1997). Le premier traité juridiquement contraignant, destiné à réduire les émissions de gaz à effet de serre, fut une avancée, même s’il a mis dix ans à entrer en vigueur et ne fixe des objectifs contraignants qu’à cinquante-cinq pays industrialisés, représentant 55 % des émissions globales de CO_2 en 1990. Copenhague en 2009, la COP21 et l'Accord de Paris en 2015… Même si ces réunions et ces accords paraissent dérisoires à l'échelle des enjeux, ce sont pourtant des avancées incontestables. C'est pour cela que je suis scandalisé par ceux qui les tournent en dérision.

Ces dernières années, j'en ai ainsi beaucoup voulu à Donald Trump ou au président brésilien Jair Bolsonaro. Avec leur inconscience, calculée ou non, ils nous ont fait perdre un temps précieux alors que nous n'en avons que si peu pour agir. Le président Trump a été élu à un moment très important de prise de conscience, à un tournant pour l'humanité (nous venions juste de conclure l'Accord de Paris), et son aveuglement sur ces questions m'a profondément choqué. Il a volontairement provoqué un retard de plusieurs années sur ces sujets alors qu'il y a urgence. Je me permets de le dire moins en tant que souverain de Monaco que parce que j'ai un attachement très fort aux États-Unis et un lien affectif intime avec eux via les valeurs que m'a léguées ma mère, la Princesse Grace (de son nom de jeune fille Grace Kelly). Je m'y rends souvent, j'y ai fait mes études, j'y ai une partie de ma famille et j'aime ce pays. Ma fondation a ouvert des bureaux à Philadelphie, dans l'ancienne maison familiale de ma mère, et à Monaco, dans ce qui fut son bureau au palais et dont j'ai fait ma pièce de travail, j'ai installé au mur une aquarelle représentant l'un de ces paysages qu'on ne trouve que là-bas. Ma fondation et l'Institut océanographique y ont noué de nombreux partenariats, avec le musée de Chicago, des universités, des centres de recherche. Je ne suis que trop conscient des multiples moments de l'histoire de l'humanité lors desquels les États-Unis ont assumé un rôle moteur et provoqué un effet d'entraînement sur d'autres nations. Je ne critique jamais publiquement l'action de mes homologues. Mais je déplore que Donald Trump ait laissé passer cette occasion. C'était inconséquent.

Je suis heureux de savoir qu'au sein de la nouvelle administration américaine de Joe Biden, John Kerry a repris le combat contre le réchauffement climatique. C'est à l'occasion du projet de création du sanctuaire de la mer de Ross, en Antarctique, alors qu'il était secrétaire d'État de Barack Obama, que nous avons appris à nous connaître. Au fil de nos rencontres, John est devenu un ami. Nous avons évoqué ensemble le sort du glacier de l'île du Pin, si imposant que, s'il fondait, il pourrait à lui seul faire monter le niveau des mers de 1,5 mètre. Son engagement est ancien et sincère. Il est le plus haut responsable du gouvernement américain à avoir effectué un voyage dans l'Antarctique, où il a visité la station McMurdo, le plus grand centre pour la recherche américaine dans cette zone du monde. Sous Barack Obama, il a aussi encouragé la Nasa à examiner l'épaisseur et la formation des neiges et des glaces à partir de satellites et d'avions. Et en matière d'environnement, il a porté la voix de son pays sans aucune ambiguïté et relayé avec enthousiasme la vision de Barack Obama, lui aussi très sensible à ces sujets. J'ai pu le mesurer lors de mes visites à la Maison Blanche. Je suis également heureux que Jane Lubchenco, une chercheuse de l'université de l'Oregon que j'ai souvent eu l'occasion de croiser, soit l'une des principales conseillères de Joe Biden à la Maison Blanche pour le réchauffement climatique. Cela prouve que les choses vont changer.

La protection des océans est une mission que tous les chefs d'État doivent avoir en tête en permanence. Et je dois avouer que, contrairement à ce que l'on pense souvent, l'ONU est un outil essentiel pour défendre la Terre. Elle est en tout cas une tribune exceptionnelle pour un État comme Monaco qui concentre ses efforts sur ces thèmes. La principauté a été admise aux Nations unies en 1993, en tant que 183e membre. Or, chaque État, quelle que soit sa taille, y dispose d'une voix. En me concentrant sur quelques thèmes – le sport, l'éducation, la santé, la paix et l'environnement –, je me suis rendu compte que notre parole pesait. Celle-ci est sûrement plus libre que celle de beaucoup de grands dirigeants de ce monde. Elle porte aussi parce que, sur la question des océans notamment, nous n'avons pas attendu, pour agir, que ces sujets soient à la mode. Depuis plus d'un siècle, Monaco montre la voie pour tenter d'établir une meilleure cohabitation entre l'homme et la mer. Quelques mois après l'admission de la principauté aux Nations unies, mon père m'a laissé le représenter et prendre la parole – c'était une première pour un Monégasque – pour mon premier grand discours à New York, devant l'Assemblée générale des États membres. C'était évidemment un grand moment pour la principauté et le grand œuvre de mon père, qui, dès son accession au trône, en 1949, avait fait de l'adhésion à l'ONU sa priorité diplomatique.

Le sujet de mon discours était évidemment l'environnement et la protection des océans. J'étais encore un jeune trentenaire un peu impressionné de me retrouver devant ces chefs d'État et de gouvernement si puissants. Mais mon sujet m'a porté. Je savais déjà que la défense des océans serait le combat d'une vie. Depuis, je me rends à l'ONU tous les deux ans. Et je multiplie les rencontres et les coopérations.

La défense des océans est un combat qui ne prendra jamais fin, pour lequel il ne faut jamais baisser la garde. Même si la situation de nos mers est de plus en plus préoccupante, il faut aussi savourer les petites victoires. En 2017, vingt-quatre ans après ce discours où je sentais que la plupart de mes auditeurs ne m'écoutaient que par politesse, l'Assemblée générale des Nations unies a fait un pas important : elle a décrété que la décennie 2021-2030 serait celle des océans. Elle a aussi organisé la première conférence mondiale sur les océans et initié un texte fondamental, une résolution juridiquement contraignante portant sur la conservation et l'utilisation durable de la biodiversité marine des zones ne relevant pas de la juridiction nationale et permettant d'agir en haute mer. Ce texte, encore en négociation, devrait souligner la nécessité de protéger cette zone, ce bien commun, qui appartient à tout le monde et à personne à la fois, qui couvre environ 45 % de la surface de la Terre et 64 % de la surface de l'océan. Après presque dix ans de pourparlers, de tables rondes, de grands discours, la communauté internationale s'intéresse enfin aux bénéfices inestimables que la protection de la haute mer peut générer. C'est la première fois que les leaders mondiaux envisagent de trouver une solution pour protéger des écosystèmes marins entiers plutôt que de continuer à exploiter leurs ressources. Ce texte, dont l'élaboration n'est pas achevée, devrait à terme permettre à chaque État de s'y retrouver. Certains envisagent de soutenir cette résolution avec une arrière-pensée économique, en se rendant compte que la capacité des océans à capter le CO_2 représentait, depuis que les « droits à polluer » ont une valeur et sont parfois cotés en Bourse, un « gain » pour l'économie mondiale de 74 à 222 milliards de dollars par an selon les estimations. Certains sont séduits par la mise en place de réserves marines allégeant les dommages causés par la pollution et l'acidification. D'autres nations, souvent les pays en voie de développement, y voient un gain en matière de sécurité alimentaire. Pour certains, un accord pourrait être le moyen de « geler » des conflits territoriaux. Mais peu importe l'intérêt singulier que chacun, au terme des négociations, trouvera dans ce texte. Après tout, le combat pour les océans peut s'accommoder d'intérêts particuliers si l'objectif final est commun.

Je me souviens de mon premier discours il y a presque trois décennies et lorsque je relis ce texte, je sais que c'est une victoire pour l'humanité et pour notre génération. Bien sûr les obstacles sont innombrables pour que cette résolution se traduise concrètement. Et tout reste évidemment à faire. Mais c'est une première étape, une prise de conscience, un point de départ. Les choses sont dites clairement. En matière de protection des océans, l'ère du chacun pour soi est derrière nous. Je me félicite chaque jour du rôle de l'ONU et suis particulièrement heureux que Monaco y joue un rôle actif et désintéressé.

*

Ma mission consiste, je l'ai dit, à porter cette parole aux plus hautes autorités que je rencontre pour faire bouger les lignes, d'autant plus maintenant que chacun semble avoir enfin compris qu'il y a urgence. Lors des conférences climatiques, ma voix compte et je m'en sers sans limite car celle-ci, sur un tel sujet, n'est pas uniquement celle de la principauté. C'est une voix universelle, qui dépasse les frontières. Nous sommes tous coresponsables de notre planète et je ne me sens pas illégitime pour alerter mes homologues sur ces problèmes environnementaux.

En Europe, la voix de Monaco est entendue avec respect. Avec la France et l'Italie, nos voisins immédiats, le dialogue est riche et constant, tout comme avec l'Allemagne, où je me suis rendu très souvent à l'invitation de la chancelière Merkel ou de certains présidents de Land. Nos coopérations sont nombreuses et anciennes. Elles sont politiques, scientifiques, économiques. Et bien sûr environnementales. Je pense évidemment au sanctuaire Pelagos, cet espace maritime de 87 500 km² qui fait l'objet depuis la fin des années 1990 d'un accord entre l'Italie, Monaco et la France pour la protection des mammifères marins nombreux dans cette zone. Nous gérons ensemble ce territoire côtier et de haute mer où vivent plus de 8 500 espèces animales, représentant entre 4 % et 18 % des espèces marines mondiales. Chacune de nos rencontres, fréquentes, avec les gouvernements italien, français, allemand, et plus largement de toute l'Europe, est l'occasion de multiplier les initiatives concrètes, non seulement pour protéger la région du monde dans laquelle nous vivons et la Méditerranée, mais aussi sur un plan diplomatique. Ainsi j'appuie les efforts de la France qui, avec l'Australie, veut créer une nouvelle aire marine protégée en Antarctique d'un million de kilomètres carrés du côté Atlantique. J'apporte aussi tout mon soutien au projet allemand dans la mer de Weddell, à l'est de la péninsule Antarctique.

En Europe, j'entretiens également un lien privilégié avec les autres familles régnantes, et m'entends très bien avec les représentants des familles royales danoise, suédoise et norvégienne qui défendent toutes des initiatives de long terme. Je suis heureux quand d'autres, et notamment ceux qui, comme moi, ont une prise de parole sincère, neutre et apolitique, promeuvent des actions importantes dans ce domaine. C'est tout particulièrement le cas du Prince Charles, le Prince de Galles, que je rencontre très fréquemment, et qui, à travers sa fondation, mène de nombreuses actions pour la protection de la nature. Ces sujets nous réunissent souvent, et nos équipes mènent régulièrement des projets communs. Dès 2006, il m'a invité à visiter Poundbury, cette ville nouvelle installée dans le comté du Dorset, qu'il a créée en utilisant les dernières innovations pour que celle-ci ait une empreinte carbone minimale. C'est une innovation extraordinaire puisqu'elle vise à accueillir quarante mille habitants en favorisant comme jamais le traitement des déchets, en contrôlant les émissions de CO_2, la circulation et les activités économiques sans les entraver… Tout a été pensé par les équipes du Prince Charles pour que l'impact de l'homme sur son environnement soit le plus réduit possible.

J'ai évidemment des rapports étroits et amicaux avec la plupart des chefs d'État des pays du bassin méditerranéen. Lorsque je rencontre l'un de mes homologues qui dispose d'une façade sur la Méditerranée, il y a comme une complicité naturelle. Nous sommes conscients de l'héritage qu'elle nous a légué, de notre identité commune. Elle est entre nous comme un trait d'union, un vaste forum que nos artistes, nos philosophes, nos commerçants sillonnent depuis si longtemps. Les valeurs spirituelles, intellectuelles et morales de notre civilisation se sont forgées sur les rives de notre mer.

Mais nous savons aussi sa fragilité. Un tiers du trafic maritime international et un quart du transport international d'hydrocarbures transitent par ses eaux. Et les experts estiment à 80 000 tonnes d'hydrocarbures par an les rejets des navires, soit l'équivalent de deux catastrophes annuelles de l'*Exxon Valdez*. Notre Méditerranée est fragile : il faut une centaine d'années pour que les courants venus de l'Atlantique renouvellent ses eaux. La faune y est surexploitée, la pollution, dans certains endroits, catastrophique. La population de la rive sud a presque doublé en trente ans, ce qui nécessite des investissements colossaux en matière d'assainissement collectif. Elle est aussi la première à nous alerter des tragédies du monde : aux portes de l'Europe, la crise des migrants de 2015 et son cortège de drames insupportables nous l'ont rappelé. Elle n'est qu'un signe avant-coureur des futures crises migratoires que nous devrons affronter dans les décennies à venir à cause du réchauffement climatique. La Méditerranée nous rappelle quotidiennement que Nord et Sud ne sont pas des espaces séparés l'un de l'autre et que nous devons travailler ensemble pour notre bien commun.

Elle est souvent l'un des premiers sujets que nous abordons avec les responsables tunisiens, ou avec mon ami Sa Majesté le roi du Maroc, Mohammed VI. Il a très à cœur la dimension maritime de son pays, sur l'Atlantique comme en Méditerranée, pour laquelle il a de nombreux projets d'envergure tout en prenant très au sérieux la protection de l'environnement.

Je l'ai déjà dit, j'ai cette chance de côtoyer fréquemment scientifiques et explorateurs, et lors des réunions internationales ou des rencontres bilatérales avec d'autres chefs d'État, je n'hésite jamais à leur faire le récit de mes observations. Ainsi de ce voyage que j'ai pu effectuer au pôle Sud, il y a une dizaine d'années, pour retrouver Mike Horn et effectuer à ses côtés les cinquante derniers kilomètres de son expédition entamée dans l'anse d'Hercule. C'est en cheminant ainsi, en tirant nos traîneaux sur une surface de glace où la température est inférieure à -28 °C, à une altitude de 3 000 mètres au-dessus de la mer, où l'air est rare, avec un simple GPS pour nous guider, et sans que la nuit se couche jamais, que l'on prend conscience de la force de notre Terre mais aussi de toute sa fragilité.

Cette action pour l'environnement ne peut pas se conduire seul. Même si le combat de ma famille pour la défense des océans est ancien, je ne m'en sens pas un instant « propriétaire ». Bien au contraire. Ces dernières années, j'ai pu me rendre compte que, malgré les idées reçues et leur image dans les médias, la plupart des chefs d'État étaient individuellement conscients de leurs responsabilités dans ce domaine.

Avec Vladimir Poutine[1], j'ai ainsi eu, dans le passé, de nombreux dialogues pour la protection de la planète. Me revient le souvenir d'une visite à Moscou, en 2013. Ces voyages officiels ont un déroulé savamment organisé. Entre nations, on parle d'économie, de culture, de coopération scientifique. Je suis alors reçu dans l'une des plus prestigieuses universités du pays où, avec le ministre russe de la Recherche, nous signons un protocole pour que les scientifiques puissent approfondir leurs travaux en Méditerranée.

---

1. Au moment où ce livre part à l'impression, au printemps 2022, l'Ukraine est le théâtre d'une terrible guerre engagée par la Russie. J'ai dénoncé cette agression, dès son début, sans réserve, et multiplié les actions pour que Monaco prenne sa part pour soulager la crise humanitaire qu'elle a entraînée. L'objet de ce livre est un autre combat, celui mené pour la sauvegarde des océans, et je veux croire qu'il continuera à rassembler, par-delà les frontières et les clivages.

Pendant cette visite de trois jours, je tiens surtout à aborder avec le président Poutine un sujet important qui ne figure pas à l'agenda officiel. Je sais qu'il faudra attendre le moment où nous serons tous les deux pour en parler de façon informelle, sans que nos discussions fassent l'objet d'un compte rendu détaillé, ce qui serait contre-productif. La prospérité de Monaco, sa taille modeste et sa situation privilégiée dans une région du monde pacifiée constituent paradoxalement une force inouïe : notre principauté est à l'écart des grands enjeux économiques et géopolitiques qui, souvent, divisent les grandes puissances. Nous avons très peu de contentieux avec les autres États. C'est ce qui me permet de mettre à l'ordre du jour certains sujets d'intérêt général avec mes homologues. Nous ne vivons pas en autarcie et je suis évidemment très attentif aux conflits et préoccupé par les bouleversements politiques qui déchirent la planète et mettent à mal les relations entre les États. Mais, puisque nous n'en sommes pas directement partie prenante et que notre agenda diplomatique est totalement transparent, nous pouvons faire porter notre voix sans que l'on puisse nous suspecter d'arrière-pensées. En fait, c'est un peu comme si Monaco jouait parfois le rôle de facilitateur auprès des grandes puissances.

Le sujet qui m'occupe, pendant ces quelques jours à Moscou, c'est le projet de création dans l'Antarctique de la plus grande aire marine protégée au monde. Quelques années plus tôt, les États-Unis, la Nouvelle-Zélande et les pays de l'Union européenne avaient accepté de défendre un projet très ambitieux, porté depuis longtemps par de nombreuses ONG et des scientifiques du monde entier. Il s'agit de créer un sanctuaire marin sur plus de 1,5 million de kilomètres carrés, soit une aire plus vaste que la France, l'Italie, le Benelux, l'Allemagne, la Suisse et l'Autriche réunis, et de transformer en « jardin d'Éden polaire » la mer de Ross, du nom de l'explorateur britannique James Clark Ross qui l'a découverte en 1841. Cette mer, qui se situe à l'ouest de l'Antarctique, sur l'océan Pacifique, dans une baie en eau profonde, fait partie de ces très rares endroits de la planète quasiment vierges de toute activité humaine et encore préservés de la pollution, des forages et de la surpêche. Elle est aussi le berceau d'une très riche biodiversité et notamment le refuge d'un quart de la population mondiale des manchots empereurs. C'est encore une réserve remarquable de magnifiques oiseaux de mer, les pétrels, d'une sous-espèce d'orques propre à cette région et de baleines de Minke. On y trouve également les plus importantes réserves au monde de krill, ces petits crustacés à l'allure de crevettes d'eau froide, qui jouent un rôle crucial dans la chaîne alimentaire et que les industriels utilisent parfois pour nourrir la volaille, les poissons d'élevage et même les chiens et les chats. Dans cette zone prospère aussi dans les profondeurs des eaux froides la légine, ce poisson dont il existe deux espèces. Si les États-Unis et l'Europe ont accepté de prendre à leur compte les revendications des experts et des ONG pour créer ce sanctuaire, la Chine et la Russie y sont, à l'époque de ce voyage, fermement opposées. À Moscou, mon objectif est donc simple : tenter de démontrer que la protection de l'environnement surpasse les rivalités géopolitiques. En cheminant à travers les longs couloirs qui traversent le Kremlin, je ne peux m'empêcher de penser à la modeste taille de la principauté. Je sens presque physiquement la force du pouvoir et la puissance de celui qui règne sur l'État le plus vaste au monde, qui occupe près de 12 % de la surface habitable de la Terre. Je sais parfaitement que le président Poutine n'a pas besoin de moi pour se forger une vision. Mais je tiens à aborder la création de ce sanctuaire.

Lors de cette rencontre, Fabian Gottlieb Thaddeus von Bellingshausen, cet explorateur russe qui à bord de son navire, le *Vostok*, fut le premier à découvrir les mystères de l'Antarctique, fait partie de nos échanges. Il avait embarqué sur ordre du tsar Alexandre Ier, en 1819, avec une mission : naviguer le plus au sud possible. Grâce à son journal de bord tenu au cours des sept cent vingt et un jours que dura sa traversée du Pacifique, nous savons que le navigateur russe a découvert vingt et une îles.

Face à Vladimir Poutine, je suis conscient que la principauté n'a aucun moyen d'imposer la création de ce sanctuaire. Diplomatiquement, le président russe me fait comprendre qu'il réfléchira à notre discussion. Mon objectif consiste à ce que le dialogue entre les grandes puissances ne soit pas définitivement rompu sur ce sujet, et que la création de cette zone protégée ne soit pas oubliée et retardée de plusieurs années. C'est chose faite. Nous nous sommes revus par la suite à plusieurs reprises lors de rencontres internationales. Chaque fois, nous avons réabordé ce sujet. Les choses se sont progressivement débloquées, malgré les conflits géopolitiques en Syrie, en Ukraine, en Crimée, pesant plus que jamais sur les relations entre les États-Unis et la Russie.

En 2016, la Chine, la Russie, les États-Unis ainsi qu'une vingtaine de pays ont finalement accepté de préserver la mer de Ross pour trente-cinq ans. Je sais bien que je n'ai été qu'un acteur modeste de ce formidable succès. Mais quelle satisfaction ! J'ai eu le sentiment que la grande famille humaine, malgré ses conflits et ses querelles, pouvait faire de grandes choses, et que Monaco était un membre à part entière de cette famille et devait continuer à jouer modestement ce rôle de facilitateur.

Avec Xi Jinping, le président chinois, nous entretenons aussi un dialogue particulièrement riche autour des problématiques environnementales. En 2018, je suis allé plusieurs jours en Chine en voyage officiel. À mon tour, j'ai eu l'honneur de le recevoir dans la principauté en

2019. L'essentiel de nos conversations a porté sur l'environnement.

Être reçu à Pékin par le numéro un chinois est un privilège unique et une expérience tout à fait fascinante. Vous ressentez le raffinement, la subtilité d'une civilisation d'une richesse inouïe que les Occidentaux connaissent mal. Les dirigeants chinois ont une confiance absolue dans le destin et leur puissance. Ils ont la conviction de travailler pour les générations futures, ce qui n'est pas toujours le cas d'autres chefs d'État dans le monde, qui ont souvent des préoccupations plus immédiates. C'est sans doute grâce à cette conscience très ancrée du temps long et à la vision qui en découle qu'ils m'ont reçu avec les mêmes égards que n'importe quel chef d'État. J'ai senti chez eux un immense intérêt, et ce n'était pas de la simple politesse diplomatique, pour l'histoire de la principauté et de la famille Grimaldi qui règne depuis le XIIe siècle à Monaco.

Je mesure les problématiques immédiates d'une puissance mondiale forte d'un milliard et demi d'habitants. Mais l'environnement est un sujet universel qui concerne chaque être humain. Et contrairement à une idée reçue en

Occident, le président Xi est très attentif à l'environnement. Il y a quelques années, j'avais réussi à le convaincre de laisser l'explorateur Bertrand Piccard et son formidable avion électrique *Solar Impulse* survoler la Chine. Bertrand, que je connais depuis toujours (nos parents étaient très proches et, enfants, nous jouions ensemble), n'est pas seulement un ami : il est animé d'une formidable passion pour diffuser les nouvelles technologies « propres » et protéger notre planète. Face aux blocages qu'il rencontrait avec l'administration chinoise, j'ai expliqué au président Xi que le voyage de Bertrand était avant tout un témoignage encourageant puisqu'il visait à promouvoir de nouveaux modes de transport moins polluants. C'est à cette occasion que j'ai pu mesurer à quel point le président chinois est parfaitement conscient que le développement économique incontrôlé entraîne inévitablement de terribles conséquences. La pollution a déjà de lourds impacts sur la santé des Chinois depuis une dizaine d'années, et il sait qu'une course folle pour la croissance pourrait à terme se retourner contre son pays et toute la planète. Depuis 2013, il a donc pris des mesures importantes pour limiter les effets négatifs de la croissance sur l'environnement. Il a aussi signé l'Accord de Paris, ce qui est évidemment courageux.

Lors de nos rencontres, nous avons évoqué plusieurs actions concrètes. Celles que ma fondation mène avec le WWF-Chine pour protéger le tigre de l'Amour, que l'on appelait autrefois tigre de Sibérie et qui peuplait la taïga, les forêts boréales de l'est de la Russie et d'immenses territoires en Chine. Aujourd'hui, on n'en compte plus qu'une trentaine d'individus en Chine. Nous avons donc installé des caméras dans plusieurs endroits pour suivre leur évolution dans une zone protégée. Nous avons aussi évoqué le programme pour la dépollution des eaux du lac Taihu, que nous menons en partenariat avec une organisation gouvernementale. Mais nous avons surtout parlé en toute liberté des enjeux de la protection de la planète, de la pollution des océans et de la nécessité de protéger ceux-ci. Lorsque nous évoquons tous les deux la situation de l'environnement en mer de Chine, l'importance de préserver les récifs coralliens en Asie, la surpêche et la surexploitation des fonds marins dans la région, c'est avec une grande liberté de parole. Il ne considère pas

– et à juste titre ! – que je suis en train de remettre en cause son influence dans la région. Le président Xi sait parfaitement que mon discours est transparent et dénué de toute arrière-pensée sur la puissance chinoise.

J'ai à nouveau mes deux photos sous les yeux. Celle de mon arrière-arrière-grand-père et la mienne. Je sais que ma promesse est difficile à tenir. Mais elle est juste. Elle mobilise tous mes efforts. Être souverain est un privilège dont je suis conscient.

Contrairement à la plupart des chefs d'État, je n'ai pas d'échéances électorales à affronter, ni d'ennemis politiques. Mon action peut donc s'inscrire dans la durée. Je peux initier des projets à dix, vingt ou trente ans, dont certains seront poursuivis par mes descendants, s'ils le souhaitent, et ce sur plusieurs générations. Ce privilège tout à fait singulier crée des devoirs et m'oblige.

Tandis que beaucoup de mes homologues ont mille problématiques et sujets à arbitrer, avec en toile de fond leur réélection, je suis totalement disponible pour la protection de l'environnement. Celle-ci est généralement moins « vendeuse » sur un plan électoral que d'autres sujets sociaux ou économiques. Il est donc rare qu'elle soit au cœur du projet politique de nombreux chefs d'État. Or la défense de l'environnement est cruciale et exige de travailler sur le long terme puisque ce que nous pouvons faire aujourd'hui pour préserver notre planète et nos océans devra être amplifié par les générations futures.

Dès le début de mon règne, conscient de la voix singulière que je pouvais porter, j'ai multiplié les contacts avec les responsables politiques du monde entier. Je suis persuadé que le succès de ces discussions tient à la taille de la principauté : elle ne peut leur faire peur, nous sommes le plus petit État du monde après le Vatican, et ils ne me suspectent pas d'intentions cachées.

Depuis près de deux siècles, les sociétés « modernes » ont consacré leur intelligence et leur créativité à dominer la nature, et même à s'en affranchir. Après avoir abandonné la chasse et la cueillette, nous avons cherché à soustraire nos cultures au rythme des saisons et à la qualité des sols, à grand renfort d'eau, de produits chimiques et d'énergie. Pour l'énergie, nous avons échappé au principe immuable que l'énergie du Soleil alimente la plupart des écosystèmes et assure le renouvellement permanent de la vie. Nous avons extrait du sous-sol d'immenses quantités d'énergie carbonée stockées depuis des centaines de millions d'années, en perturbant notre climat et en hypothéquant notre avenir. Nous avons rapidement réduit la complexité et la diversité de la vie. La biomasse des animaux terrestres domestiques est aujourd'hui estimée à dix fois celle des animaux sauvages. Nous réduisons le nombre d'espèces et de variétés, pour ne regarder que le seul rendement. Nous avons généralisé les monocultures, comme les usages uniques du sol, là où la nature mêle les espèces, les fonctions... Nous avons simplifié le monde pour le rendre plus lisible à nos yeux, plus performant, mais terriblement plus pauvre et plus fragile. Il est temps de regarder à nouveau la nature en face, d'en apprécier la richesse, de s'inspirer de sa complexité, pour repenser nos activités.

En créant l'ONU, en créant l'Union européenne, en intervenant pour éviter un génocide ou des guerres, en coopérant sur le nucléaire ou aujourd'hui en travaillant de concert dans l'espace, dans le domaine médical comme dans la lutte contre le sida ou la Covid, l'humanité a montré qu'elle était capable, au-delà des rivalités géographiques ou politiques, de s'unir pour trouver des solutions communes et profitables à tous. C'est aussi l'esprit de l'initiative « One Health », qui se développe un peu partout dans le monde avec l'aide de nombreuses institutions publiques ou associatives et qui illustre la prise de conscience des liens étroits entre la santé humaine, celle des animaux et l'état de notre planète en encourageant les approches pluridisciplinaires des enjeux sanitaires et environnementaux. C'est dans cet esprit que le Centre scientifique de Monaco a organisé fin 2020 un symposium permettant de faire le point sur les différents risques auxquels les activités humaines exposent les océans, et les menaces que ces activités et la dégradation des océans qui en résulte font peser sur la santé humaine. Nous avons aussi cherché à cette occasion à mettre en lumière les différents bénéfices que l'océan peut apporter à la santé et au bien-être des populations.

Même si les initiatives pour la défense de l'environnement se multiplient, qu'elles soient locales, nationales ou internationales, nous ne devons plus perdre un instant. Nous devons impérativement changer de modèle économique et d'état d'esprit. Les gisements d'emplois existent, les opportunités aussi. L'économie bleue, l'économie circulaire ne sont pas des idées en l'air. Il faut les encourager, si besoin par la taxation et la pénalisation de ceux qui se comportent mal. Il ne s'agit pas de faire le procès des énergies fossiles, elles nous ont rendu d'immenses services et ont permis à une part de plus en plus importante de la population mondiale de bénéficier de services et d'une qualité de vie insoupçonnée il y a encore cent ans. Mais encourager la transition vers un nouveau modèle, inventer de nouvelles façons de voyager, de communiquer, de produire, de consommer, de travailler et d'exploiter de manière durable la Terre est désormais absolument nécessaire sans qu'il soit question de décroissance, mais au contraire de créativité et d'innovation. Nous ne pouvons plus continuer de la sorte.

Notre survie est en jeu. La plus belle des victoires de notre génération, le plus bel héritage que nous laisserons à nos enfants, c'est notre courage. Nous devons engager de façon radicale cette transition.

Il faut inventer des solutions, il faut aussi repenser profondément notre rapport à la mer. En Occident, en Asie, en Afrique, nous la considérons trop souvent comme un garde-manger, une poubelle, un lieu de divertissement, un lieu d'exploitation, et non comme le poumon de notre écosystème. Je suis persuadé qu'il nous faut redessiner notre rapport à l'océan. Longtemps, alors que les hommes rêvaient de conquêtes et d'empires sur terre, la mer bénéficiait d'un statut particulier. Athènes, Rome, le royaume d'Espagne ou l'Empire britannique voulaient la maîtrise des routes maritimes. Mais ils n'avaient pas, contrairement, à ce qui se passait à terre, le fantasme de la posséder. Hugo de Groot, dit Grotius, le plus grand juriste du XVIIe siècle, que certains voient comme le fondateur du droit international, avait même théorisé la non-propriété de la mer en 1609 dans un traité sur la « liberté des mers ». Il ne parlait pas encore de la nécessité de la protéger ; elle apparaissait d'ailleurs d'abord comme un espace hostile. Il la définissait comme un bien commun. Il faut repartir de ces bases, comme nous le faisons avec l'espace. Même si les Américains ont planté un drapeau sur la Lune en 1969, ils n'ont jamais prétendu que celle-ci leur appartenait. Nous avons su rester humbles et à notre place dans l'univers. Il faut qu'il en soit de même pour la mer. Non pour que celle-ci soit le lieu de tous les excès, mais pour qu'elle devienne la première étape de la reconquête de la nature.

Il faudra donc un jour que l'ensemble de la communauté internationale gère ce bien commun en toute bonne foi et avec responsabilité. C'est un changement d'état d'esprit mais il est nécessaire. Pour le faciliter, il n'est pas forcément besoin d'imaginer une philosophie révolutionnaire. Il y a tout près de nous des exemples dont nous gagnerions à nous inspirer, tels ces pêcheurs polynésiens chez qui j'ai eu la chance d'effectuer plusieurs séjours. Ils se sont approprié la mer sans pour autant installer de rapport de domination avec elle. Chez les peuples aborigènes ou insulaires, la mer est un être à part entière. En 2018, j'ai passé quelques jours sur l'île Badu, dans le détroit de Torrès, au nord de l'Australie, et j'ai constaté que leur art le manifestait en toute occasion : leurs artistes semblent communiquer avec les espèces marines, les dugongs, les tortues, les requins, les crocodiles de mer, avec qui ils partagent un espace de vie depuis des siècles. Les anciens transmettent des légendes qui depuis la nuit des temps célèbrent les vents et les courants. Je me souviens de mon dialogue avec le représentant des anciens de l'île Badu, Ronald « Ronnie » Nomoa, et de son hommage à l'équilibre entre la mer et la terre sans lequel la vie est impossible. Les hommes et les femmes du détroit de Torrès entretiennent une relation fusionnelle avec la mer. Ils savent ce qu'ils lui doivent et n'ont que respect et amour pour les forces vitales qu'elle leur offre. Il est temps que nous nous en inspirions. Pour notre survie. Pour nos enfants.

Les droits d'auteur de cet ouvrage seront entièrement reversés à la Fondation Prince Albert II et à l'Institut océanographique – Fondation Albert Ier, prince de Monaco.

Je remercie Robert Calcagno, Bernard Fautrier, Piérine Di Giacomo, Romain Gubert, Susanna Lea et Anavril Wollman pour leur participation à la réalisation de ce livre.

Je remercie également Valérie Masson-Delmotte, Tim Flannery et Enric Sala pour leur contribution ; ainsi que tous les scientifiques, cités ou non cités, qui ont passé de longues heures à bien vouloir m'expliquer les résultats de leurs travaux.

Table

Cet ouvrage a été mis en page par IGS-CP
à L'Isle-d'Espagnac (16)

Achevé d'imprimer en mai 2022
par Normandie Roto Impression s.a.s.
61250 Lonrai
N° d'impression : 2202470
N° d'édition : L.01ELKN000887.N001
Dépôt légal : juin 2022

Imprimé en France